Les blagues CARAMBAR

Le livre culte !

7-13, boulevard Paul-Émile-Victor – Île de la Jatte
92521 Neuilly-sur-Seine cedex

143,boulevard Romain-Rolland
75685 Paris cedex 14

Les blagues Carambar
Le livre culte !

Avec la collaboration
de Romain Lévy et Christophe Lemaire

Michel Lafon

Carambar ! Plus qu'une gourmandise : un phénomène de société. Ce drôle de bonbon en longueur se déguste partout en France. Il s'en mange un toutes les **40 SECONDES** et s'en vend **700 MILLIONS** chaque année ; en mettant leur production annuelle bout à bout, on pourrait faire **DEUX FOIS LE TOUR DE LA TERRE**. Tout ça à cause d'un surplus de cacao dont on ne savait que faire, et d'une machine qui a perdu la tête !

Ça se passe en 1954, M. Gallois et M. Fauchille fils, dirigeants de la société Delespaul-Havez, qui produit des pâtes et des tablettes de chocolat, ont un reste de cacao à écouler. Ils ont l'idée de le mélanger à du caramel pour en faire un bonbon original, appétissant et de bel aspect. Mais voilà que la machine chargée de les fabriquer se dérègle, et donne naissance à une longue barre toute bizarre que l'on va baptiser **CARAM'BAR**.

En tout cas c'est un succès. Parce que ce tuyau de chocolat caramélisé est non seulement bon, mais drôle ! On peut le tordre, l'étirer, le suçoter pour faire durer le plaisir : les enfants n'y résistent pas, et les parents non plus.

En plus, dès le départ, Caram'bar propose aux enfants des points D.H. (Delespaul-Havez) insérés à l'intérieur des papillotes, et prometteurs de cadeaux de rêve.

Neuf ans plus tard, les points D.H. sont remplacés par des histoires drôles, sélectionnées par un jury lors de concours organisés dans les écoles. Les enfants de la France entière sont invités à envoyer des **BLAGUES**, des **DEVINETTES**, des **RÉBUS** ou des **CHARADES** de leur invention. Les meilleures histoires sont imprimées sur les papillotes. Et en plus, les heureux gagnants reçoivent **LEUR POIDS EN CARAM'BAR**.

Du coup, le Caram'bar s'allonge et se fait appeler **SUPER CARAM'BAR** ! Pourtant, en 1984, il revient à un format plus traditionnel, perd son apostrophe d'origine et devient simplement **CARAMBAR**. Mais un Carambar aux multiples parfums : citron, fraise, orange, cola, bi-goût, nougat, atomic... Et pour son 50e anniversaire, Carambar a fait des petits, puisqu'il existe aujourd'hui en Minis.

Et les blagues continuent de circuler, avec des séries évoluant selon le goût du moment. Qui ne se souvient des célèbres *Charades*, des *Devinettes* ou du succès public des *Monsieur et Madame* ? Aujourd'hui la blague Carambar est devenue une référence, dans les cours de récré comme chez les plus grands. C'est pourquoi l'annonce de sa disparition (ouf, c'était une blague !) le 21 mars 2013 a suscité un émoi phénoménal sur les réseaux sociaux !

RETROUVEZ ICI LE BEST OF DE TOUTES CES TROUVAILLES, À LIRE, BIEN SÛR, EN TAQUINANT DES LÈVRES LE CARAMBAR DE VOTRE CHOIX !

DRÔLES DE BLAGUES !

AMUSE TES AMIS

- Docteur, je n'y comprends rien. Chaque fois que je bois une tasse de chocolat, j'ai une douleur à l'œil droit !
- Ce n'est rien. Enlevez seulement la cuillère...

KRUNCH KRUNCH KRUNCH

ÉLÉMENTAIRE, MON CHER !

Comment appelle-t-on un ascenseur, au Japon ?

Réponse : Comme en France, en appuyant sur le bouton !

CARAMBAR, C'EST TROP !

Petit Carambar demande à un pêcheur :

- Est-il vrai que les baleines mangent des sardines ?
- Oui, c'est exact.
- Mais comment font-elles pour ouvrir les boîtes ?

3 BONNES RAISONS...

... de mettre du déodorant :

1) Pour tenir la poignée du bus sans avoir honte.
2) Pour que les gens te parlent de plus près qu'avant.
3) S'il vous plaît, ne cherchez pas d'autres raisons, faites-le sans discuter !

C'EST QUOI LE PIRE ?

Serrer la main du président de la République devant les caméras avec un gant en caoutchouc OU aller au mariage de ta sœur en pyjama ?

CARAMBAR INFO

Vrai ou faux ? Les humains et les cochons sont les seuls animaux à pouvoir attraper des coups de soleil.

Réponse : Vrai. Sauf que les cochons ne mettent pas de crème solaire.

DEVINETTE

Quels sont les gars qui ont le plus de caractère ?

Réponse : Les imprimeurs.

POP!

TOUTE MIMI MIGNONNE

Une petite fille joue avec un gros chien, et celui-ci lui lèche la figure.
Alors les parents demandent à leur enfant :
- Il t'a mordue, ma chérie ?
- Non, il m'a seulement goûtée !

EEYARGH!

AMUSE TES AMIS

- Docteur, ma jambe droite me fait affreusement souffrir !
- C'est l'âge, Madame !
- Mais ma jambe gauche ne me fait pas mal et pourtant elle a le même âge !

CARAMBAR INFO

Vrai ou faux ? Les méduses sont composées à 99 % de bave.

Réponse : Faux. Elles sont composées à 99 % d'eau.

TU DEVINERAS JAMAIS

Qu'est-ce qui fait 4 mètres de haut,
qui a 87 dents pointues et qui hurle à la mort ?

Réponse : Je ne sais pas, mais cours !

C'EST QUOI LE PIRE ?

Te verser un pot de miel sur le crâne à côté d'un nid d'abeilles
OU courir pieds nus dans un jardin plein de hérissons ?

TOUTE MIMI MIGNONNE

- Julien, viens m'aider, on va changer ton petit frère...
- Pourquoi, il est déjà usé ?

BOOOM

DEVINETTE

Quelle est la note de musique la plus basse ?

Réponse : Le fa... parce qu'il est sous le sol.

SANS QUEUE, NI TÊTE

Un fou dit à un autre fou :
- Donne-moi un chiffre entre zéro et dix !
- Mercredi ! dit l'autre.
- T'es fou ? Mercredi, c'est en Amérique !

SPLAT!

C'EST QUOI LE PIRE ?

Devoir changer de slip toutes les quatre minutes
OU garder le même toute ta vie ?

HiHiHi

CARAMBAR INFO

Vrai ou faux ? Les étoiles de mer ont huit yeux
au bout de chacune de leurs branches.

Réponse : Vrai. Du coup, quand elles draguent,
elles se font à la fois de l'œil et du pied.

TU DEVINERAS JAMAIS !

Pourquoi faut-il se lever très tôt le matin
quand on est paresseux ?

Réponse : Parce que ça laisse encore plus de
temps pour ne rien faire de la journée.

tinkle tinkle

AMUSE TES AMIS

Une dinde à une amie :
- Alors, ma chère, où comptez-vous passer les fêtes de Noël ?

KABOOMAH

CHARADE

Le chien aime beaucoup mon premier.
Mon deuxième est un obstacle.
Mon troisième est un prénom féminin.
Mon tout est un continent.

Réponse : OCÉANIE (Os-Haie-Annie).

CARAMBAR, C'EST TROP !

Qu'est-ce qu'on tire par les oreilles avant de tirer la langue ?

Réponse : Un Carambar !

3 BONNES RAISONS...

... de ne pas fermer les yeux au cinéma :

1) Tu risques de rater les pubs.
2) Tu risques de rater le film.
3) Tu risques de rater le siège où tu vas t'asseoir.

VROOOOOM!

VROOOOOM!

VROOOOOM!

C'EST QUOI LE PIRE ?

Rater un penalty en finale de Coupe du monde
OU battre le record du monde du cent mètres sans que ça se sache ?

CARAMBAR INFO

Vrai ou faux ? Les puces peuvent sauter 135 fois leur taille.

Réponse : Vrai. C'est comme si un homme sautait aussi haut qu'un immeuble de 65 étages !

AMUSE TES AMIS

- Écoute, dit la maman à Paul, si tu es sage tu iras au ciel, mais si tu n'es pas sage tu iras en enfer !
- Et qu'est-ce que je dois faire, pour aller au cirque ?

PAS SI BÊTE

La maîtresse demande à petit Carambar de compter jusqu'à dix :
- Un, deux, trois, quatre, cinq, six, sept, huit, dix.
- Et le neuf ?
- Je l'ai mangé à la cantine !

CHARADE

Mon premier est une boisson chinoise.
Mon deuxième n'est pas beau.
Mon troisième n'est pas vrai.
Mon quatrième est négatif.
Mon tout est un appareil de communication.

Réponse : TÉLÉPHONE (Thé-Laid-Faux-Ne).

TU DEVINERAS JAMAIS !

Qu'est-ce que l'on met sur la table, que l'on coupe,
que l'on sert et que l'on ne mange pas ?

Réponse : Un jeu de cartes.

C'EST QUOI LE PIRE ?

Être le sosie de la star que tu détestes le plus
OU être la star la plus moche de la planète ?

HAHAHA !

CARAMBAR INFO

Vrai ou faux ? Le pharaon Ramsès II avait plus de 160 paires de baskets.

Réponse : Faux. Par contre il était le père de plus de 160 enfants !

SANS QUEUE, NI TÊTE

Deux camarades de classe se rencontrent à la récré :
- T'as fait quoi, au contrôle ?
- J'ai rendu copie blanche !
- Zut, moi aussi ! La maîtresse va croire qu'on a copié !

HaHaHa ! HaHaHa ! HaHaHa !

TOUTE MIMI MIGNONNE

Des copines jouent ensemble.
Une fille demande alors à une autre :
- Dis, comment s'appelle ta mère ?
- Ben, « maman », pourquoi ?

C'EST QUOI LE PIRE ?

Skier sur une montagne de spaghettis cuits
OU nager dans une mer de sauce tomate ?

3 BONNES RAISONS...

... de se couper les poils du nez s'ils dépassent :
1) Si vous êtes un homme ça refroidit les femmes.
2) Si vous êtes une femme ça fait fuir les hommes.
3) Si vous êtes un singe... qui vous a appris à lire ?

CARAMBAR INFO

Vrai ou faux ? Tous les hommes préhistoriques avaient la grosse tête.

Réponse : Vrai. Leur cerveau était plus gros que le nôtre.

DANS LA SÉRIE

SANS QUEUE, NI TÊTE

- Bonjour Monsieur, je voudrais une robe de chambre !
- Bien sûr, quelle est la taille de la chambre ?

DEVINETTE

Comment fait-on pour écrire herbe sèche en quatre lettres ?

Réponse : On écrit « foin ».

TOUTE MIMI MIGNONNE

Un chiot demande à son père :
- Dis papa, mon vrai nom,
c'est Assis ou Couché ?

CRAK! CRAK! CRAK!

TU DEVINERAS JAMAIS !

Quelle est la différence entre un homme de vingt ans
et un homme de cinquante ans ?

Réponse : Trente kilos.

C'EST QUOI LE PIRE ?

Sucer de la laine
OU mâcher un galet ?

CARAMBAR INFO

Vrai ou faux ? S'ils en avaient, les chats sentiraient des pieds.

Réponse : Vrai. Car ils évacuent toute leur transpiration par les pattes.

CHARADE

Mon premier se fait en marchant.
Mon deuxième est un rongeur.
Mon troisième souffle.
Mon tout sert à cacher.

Réponse : PARAVENT (Pas-Rat-Vent).

MORT DE RIRE

La maîtresse demande à Toto :
- Quand je dis « il pleuvait », de quel temps s'agit-il ?
- D'un sale temps, Madame !

ÉLÉMENTAIRE, MON CHER !

Comment prend-on des mesures sous l'eau ?

Réponse : Avec un mètre nageur !

TU DEVINERAS JAMAIS !

Comment appelle-t-on un lapin sourd ?

Réponse : LAAAAAAAAAAPIN !

C'EST QUOI LE PIRE ?

Faire un match de boxe à plat ventre
OU un match de foot sur le dos ?

AMUSE TES AMIS

- Et ça fait longtemps, demande le psychiatre, que vous vous prenez pour une poule ?
- Ben ça remonte à quand j'étais un tout jeune poussin.

VROOOOOM! VROOOOOM!

CHARADE

Mon premier sert à avancer.
Mon deuxième est un rongeur.
Mon troisième mouille.
Mon tout sert à protéger.

Réponse : PARAPLUIE (Pas-Rat-Pluie).

PAS SI BÊTE

Deux puces sortent du cinéma. L'une d'elles dit à l'autre :
- On prend un chien ou on rentre à pied ?

TAKA! TAKA! TAKA!

C'EST QUOI LE PIRE ?

Ne jamais voir ton reflet dans le miroir
OU que tous tes amis aient la même tête que toi ?

HOHOHO

3 BONNES RAISONS...

... de ne pas se raser en conduisant :
1) C'est dur de bien tailler sa moustache en regardant dans le rétroviseur.
2) « Pilote de course au rasoir », ce n'est pas un sport.
3) Il vaut mieux continuer à se curer le nez.

CARAMBAR INFO

Vrai ou faux ? Dans une vie, on passe en moyenne 220 000 heures à se regarder dans la glace.

Réponse : Faux. Par contre c'est à peu près le nombre d'heures que l'on passe à dormir.

AMUSE TES AMIS

À l'occasion d'un sondage sur les lotions après-rasage, on demande à un homme :

- S'il vous plaît, qu'est-ce que vous mettez après vous être rasé ?
- Mon pantalon.

CHARADE

Mon premier n'est pas menteur.
Mon second plante des arbres.
Mon tout est un fruit.

Réponse : FRAMBOISE (Franc-Boise)

PAS SI BÊTE

Un chat entre dans une pharmacie.
Le pharmacien lui demande ce qu'il veut, et le chat lui dit :
- Je voudrais du sirop pour matou !

3 BONNES RAISONS...

... de ne pas aller faire pipi pendant un film au cinéma :
1) Personne ne le mettra sur pause si tu pars aux W-C.
2) Tu rates toujours la meilleure scène du film à ce moment-là.
3) Tu risques de distraire les acteurs.

C'EST QUOI LE PIRE ?

Dormir debout
OU courir à genoux ?

CARAMBAR INFO

Vrai ou faux ? Le cerveau d'un chat a plus de capacités qu'une calculatrice de poche.

Réponse : Faux. C'est probablement pire, car son cerveau n'est pas plus gros qu'une bille.

Dans la série

Amuse tes amis

tinkle tinkle

Un gangster retiré des affaires demande à son fils :
- Alors, comment ton interrogation orale s'est-elle passée ?
- Formidable ! Ils m'ont interrogé pendant une heure et je n'ai pas dit un seul mot !

Devinette

Connaissez-vous l'histoire du lit vertical ?

Réponse : C'est une histoire à dormir debout !

Buzzz Buzzz Buzzz

Toute mimi mignonne

Sur une page d'écriture, un zéro rencontre un huit :
- Tiens ! Tu as mis une ceinture !

C'EST QUOI LE PIRE ?

Faire du bouche-à-bouche à un requin
OU te retrouver nez à nez avec un rhinocéros ?

CARAMBAR INFO

Vrai ou faux ? Chaque année, la Terre reçoit des déchets venant de l'espace.

Réponse : Vrai. Chaque année, vingt-six mille météorites s'écrasent sur notre planète.

TU DEVINERAS JAMAIS !

Comment reconnaît-on une vieille folle dans un aéroport ?

Réponse : Elle donne du pain à manger aux avions.

AMUSE TES AMIS

- Bonjour Monsieur, je voudrais un timbre à soixante centimes s'il vous plaît.
- Tenez.
- Merci. Combien je vous dois ?

CHARADE

Mon premier est un bruit de revolver.
Mon deuxième est un véhicule.
Mon troisième est un pronom personnel.
Mon tout avise le public.

Réponse : PANCARTE (Pan-Car-Te).

PAS SI BÊTE

Pourquoi les éléphants se baladent-ils toujours en troupeaux ?

Réponse : Parce que c'est l'éléphant du milieu qui a la radio !

3 BONNES RAISONS...

... de devenir l'ami des insectes :
1) Tu n'auras jamais de fourmis dans les jambes.
2) Tu n'auras jamais le cafard.
3) Tu ne te feras jamais moucher.

C'EST QUOI LE PIRE ?

Revivre la même journée tous les jours
OU te réveiller tous les matins sans te souvenir de la veille ?

CARAMBAR INFO

Vrai ou faux ? Certains somnambules peuvent conduire leur voiture en plein sommeil.

Réponse : Faux. Par contre le somnambulisme se transmet de père en fils.

AMUSE TES AMIS

Une dame récemment veuve rencontre une amie :
- J'ai appris le décès de ton mari. J'espère qu'il n'a pas souffert trop longtemps ?
- Oh non ! Nous n'étions mariés que depuis cinq ans…

CHARADE

Mon premier est un point d'eau.
Mon second n'arrive pas tard.
Mon tout est un outil.

Réponse : MARTEAU (Mare-Tôt).

PAS SI BÊTE

Pourquoi les lapins ne jouent-ils qu'avec trente-neuf cartes, et non avec cinquante-deux ?

Réponse : Parce qu'ils mangent les trèfles !

3 BONNES RAISONS...

... de ne pas se curer le nez à un feu rouge :
1) Les passants vont te trouver répugnant.
2) Tu vas salir le volant avec tes crottes.
3) Ça ne fera pas passer le feu au vert plus vite pour autant.

HAHAHA !

C'EST QUOI LE PIRE ?

Casser tout ce que tu touches
OU devoir réparer tout ce que les autres cassent ?

IIIAH! IIIAH!

CARAMBAR INFO

Vrai ou faux ? Les dauphins ronflent en dormant.

Réponse : Faux, car ils ne dorment jamais.
Pour se reposer, ils font marcher chaque moitié
de leur cerveau à tour de rôle.

PAS SI BÊTE

Jérôme dit à Aurélie :

- Est-ce que tu arrives à faire un huit avec ta bouche ?
- Non, pourquoi ?
- Alors tu es moins forte que la poule, parce qu'elle arrive à faire un neuf avec son derrière !

DEVINETTE

Quelle est la différence entre un ascenseur et une cigarette ?

Réponse : Aucune. Ils font tous les deux des cendres (descendre).

CHARADE

Mon premier est à l'extrémité.
Mon deuxième enveloppe les bébés.
Mon troisième est content.
Mon tout est un commerce.

Réponse : BOULANGERIE (Bout-Lange-Rit).

3 BONNES RAISONS...

... de ne pas être déguisé en super-héros pour draguer :

1) C'est dur de séduire avec des collants bleus.
2) Tu seras obligé de ranger tes clés dans ton slip.
3) C'est la honte si t'arrives en bus alors qu'elle t'attend en regardant en l'air.

HA HA HA HA HA HA

CARAMBAR INFO

Vrai ou faux ? Le film le plus long qui ait jamais été réalisé dure 15 heures 20.

Réponse : Faux. Il dure 15 heures 21 !

C'EST QUOI LE PIRE ?

Être le seul à avoir vu une soucoupe volante et que personne ne te croie OU que des Martiens soient parmi nous mais que personne ne puisse les reconnaître ?

EEYARGH!!

AMUSE TES AMIS

Riiiip!

- Madame, crie la bonne, le bébé est tombé dans la baignoire !
- Eh bien retirez-le, au lieu de vous affoler !
- Mais Madame, l'eau est beaucoup trop chaude...

TOUTE MIMI MIGNONNE

- Maman, c'est vrai que quand on meurt on devient poussière ?
- Oui, mon chéri.
- Alors viens voir, il y a un mort sous mon lit !

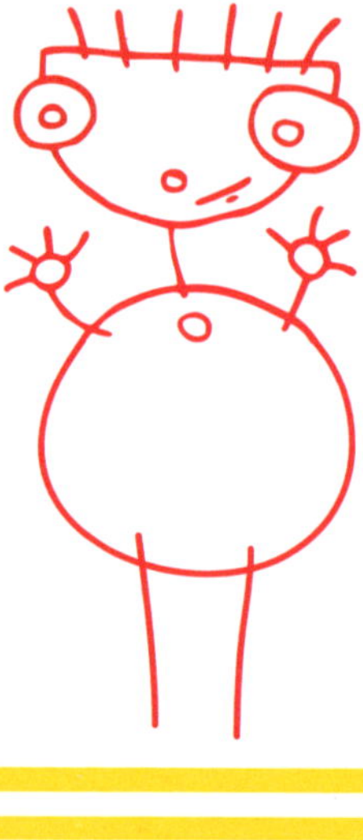

tap tap

SANS QUEUE NI TÊTE

Qu'est-ce qu'un point bleu dans une fleur ?

Réponse : Une abeille en blue-jeans.

CRAK!

CARAMBAR INFO

Vrai ou faux ?
Il ne faut pas croire tout ce que disent les chimpanzés.

Réponse : Vrai. Les experts qui communiquent avec eux par le langage des signes ont réalisé qu'ils sont capables de mentir.

C'EST QUOI LE PIRE ?

Avoir des plumes sous les bras
OU des ongles à la place des dents ?

TU DEVINERAS JAMAIS !

Quelle est la différence entre un galet sur la plage et un homme au volant de sa voiture ?

Réponse : Le galet, plus il roule, plus il est poli.

UUH!

UUH!

AMUSE TES AMIS

Une petite fille vient de visiter une ferme. Le soir, elle raconte à son père :
- Et puis, tu sais, y a des cochons, eh ben ils parlent comme toi quand tu dors.

PAS SI BÊTE

Deux poules papotent ensemble dans la neige :
- Tu es folle de couver dehors, par un temps pareil...
- Mais non ! Le charcutier m'a demandé des œufs en gelée !

CHARADE

Mon premier coupe du bois.
Mon second est une petite montagne.
Mon tout est un prénom masculin.

Réponse : SIMON (Scie-Mont).

CARAMBAR INFO

Vrai ou faux ? Il faut soixante-dix morceaux de bois différents pour fabriquer une flûte à bec.

Réponse : Faux. Mais c'est le nombre qu'il faut pour fabriquer un violon.

3 BONNES RAISONS...

... de ne pas tirer la queue du chat :

1) Ton chien avait ce projet en tête depuis longtemps.
2) C'est pas une sonnette, le chat !
3) À bien y réfléchir, c'est pas sûr qu'il va aimer.

HAHAHA !

C'EST QUOI LE PIRE ?

Avoir les doigts de pied à la place des doigts de la main OU les doigts de la main à la place des doigts de pied ?

tap tap

AMUSE TES AMIS

L'instituteur :
- Où fut signé le traité de Versailles ?
Thibault :
- En bas de la page, Monsieur.

MONSIEUR ET MADAME

Monsieur et Madame Lacouverturmegratte ont une fille.
Comment l'appellent-ils ?

Réponse : Sandra, car sans drap la couverture me gratte !

MORT DE RIRE

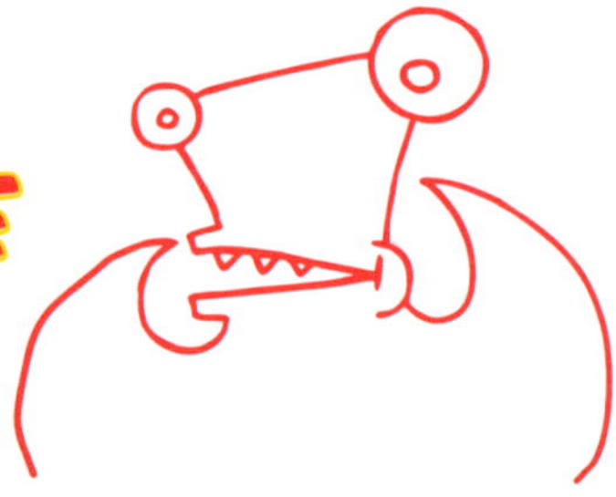

Une petite fille annonce à sa maman :
- Maman ! Mon armoire est tombée !
- Dis-le plutôt à ton papa !
- Il le sait déjà, il est en dessous !

3 BONNES RAISONS...

... de ne pas se mettre les doigts dans le nez en classe :

1) Tu risques de te faire remarquer en cours.
2) Ça agrandit les narines.
3) T'inquiète, il y aura à manger à la cantine !

HAHAHA !

C'EST QUOI LE PIRE ?

Regarder un film avec des jumelles sur une télé portable posée à deux cents mètres de toi
OU voir un film en ayant le nez collé sur le plus grand écran de cinéma du monde ?

CARAMBAR INFO

Vrai ou faux ? On peut faire trente-cinq omelettes avec un seul œuf d'autruche.

Réponse : Faux. On peut en faire onze et demie.
C'est pour les grosses faims !

MORT DE RIRE

À quoi reconnaît-on un motard heureux ?

Réponse : Aux moustiques collés sur ses dents !

AMUSE TES AMIS

À l'école, l'institutrice demande à ses élèves :
- À quel moment cueille-t-on les cerises ?
L'élève répond :
- Quand le fermier a le dos tourné.

MONSIEUR ET MADAME

Monsieur et Madame Ponsabledumatos ont une fille.
Comment l'appellent-ils ?

Réponse : Thérèse, car t'es responsable du matos !

C'EST QUOI LE PIRE ?

Un croissant aux rillettes pour le petit déj'
OU une entrecôte à la confiture pour le déjeuner ?

3 BONNES RAISONS...

... de ne pas oublier la Fête des mères :
1) Une mère, ça ne s'oublie jamais !
2) Ça peut faire oublier une mauvaise note.
3) Elle se souviendra de ton cadeau à ta prochaine bêtise.

CARAMBAR INFO

Vrai ou faux ? Les vaches donnent plus de lait quand elles écoutent du reggae.

Réponse : Vrai. D'une manière générale, elles sont plus productives quand elles écoutent de la musique.

MONSIEUR ET MADAME

Monsieur et Madame Transcène ont un fils. Comment l'appellent-ils ?

Réponse : Jean, car j'entre en scène !

DEVINETTE

tinkle tinkle

Avec les lettres de mon nom
on peut aussi écrire le nom
de ma maison. Qui suis-je ?

Réponse : Le chien, anagramme de niche.

HiHiHiHiHi !

MORT DE RIRE

Au restaurant :
- Il ne vaut rien, votre bifteck !
- Je vois que Monsieur n'a pas encore vu l'addition !

CARAMBAR INFO

Vrai ou faux ? Dans l'Égypte antique, quand un chat mourait, son maître devait porter sa moustache.

Réponse : Faux. Par contre, il devait se raser les sourcils.

Ho Ho Ho ! Riiiip!

C'EST QUOI LE PIRE ?

Qu'on te souhaite ton anniversaire sans gâteau
OU qu'on t'offre un gâteau en oubliant de te souhaiter ton anniversaire ?

Splat! Splat! Splat! Splat!

3 BONNES RAISONS...

... d'éteindre la lumière avant d'aller dormir :

1) Une ampoule électrique a le droit de se reposer.
2) Ton doigt fait de la gym quand tu appuies sur l'interrupteur.
3) C'est pour faire peur à ton frère dans le noir.

HAHAHA !

AMUSE TES AMIS

- Voyons, Romain ! Je t'ai déjà dit cent fois de ne pas écrire sur les murs, c'est sale !
- Mais papa, je n'écris que des noms propres !

MORT DE RIRE

Camille demande :
- Papy, tu étais coiffeur quand tu étais jeune ?
- Non, pourquoi ?
- Parce que maman a dit que tu frisais la soixantaine et que tu allais nous raser à mourir !

MONSIEUR ET MADAME

Monsieur et Madame Onette ont deux filles.
Comment les appellent-ils ?

Réponse : Marie et Camille, car marionnette et camionnette !

3 BONNES RAISONS...

... d'arrêter de faire des cœurs au lieu de points sur les « i » après huit ans :
1) Personne n'aime les « i » à ce point-là.
2) Ça pourrait vexer les autres lettres.
3) On commence comme ça et on finit par mettre des chapeaux de cow-boy sur les « a ».

C'EST QUOI LE PIRE ?

Écrire avec ses doigts trempés dans l'encre
OU se gratter l'intérieur du nez avec un stylo plume ?

CARAMBAR INFO

Vrai ou faux ? La guerre de Cent Ans n'a duré que vingt ans, mais on l'appelle comme ça parce qu'on s'y est beaucoup ennuyé.

Réponse : Faux. Au contraire, elle a duré cent seize ans.

HA HA HA HA HA HA

MORT DE RIRE

Un homme qui s'est ruiné au jeu dit à un ami :
- C'est juré, j'ai décidé d'arrêter de jouer.
- Je ne te crois pas.
- Tu paries ?

DEVINETTE

Qu'est-ce qui est rond, vert, qui monte et qui descend ?

Réponse : Un petit pois dans un ascenseur.

BOOOM

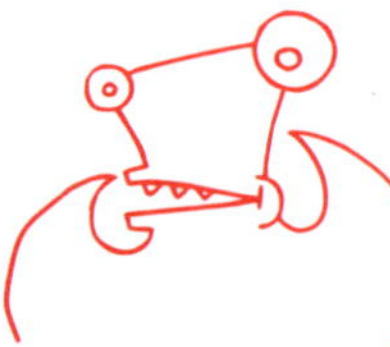

C'EST QUOI LE PIRE ?

Partir à la plage avec le maillot de ta petite sœur
OU faire du ski dans la combinaison de ton père ?

TU DEVINERAS JAMAIS !

Pourquoi ne dois-tu pas tout le temps zapper
quand tu regardes la télévision ?

Réponse : Parce que tu risques de bégayer des yeux.

CARAMBAR INFO

Vrai ou faux ? Quand les serpents se trouvent dans une situation
désespérée, ils se donnent la mort en se mordant eux-mêmes.

Réponse : Faux. Car ils sont immunisés contre leur propre venin.

AMUSE TES AMIS

Un professeur dit à ses élèves :
- Les hommes intelligents sont toujours dans le doute et seuls les imbéciles sont toujours affirmatifs.
- Vous en êtes certain ? demande un élève.
- Absolument certain, répond-il.

ÉLÉMENTAIRE, MON CHER !

Quel est le futur de « je bâille » ?

Réponse : Je dors !

TOUTE MIMI MIGNONNE

Un bébé araignée demande à sa maman :
- Qu'est-ce qu'on mange, ce soir ?
- De la mouche au chocolat !

3 BONNES RAISONS...

... d'être invisible :

1) On ne pourra plus te dire « qu'est-ce que tu ressembles à ta mère ».
2) Tu peux devenir champion du monde de cache-cache.
3) *(Désolé, la troisième raison est invisible)*

C'EST QUOI LE PIRE ?

Nettoyer ta salle de bains avec une brosse à dents
OU repeindre les murs de ta chambre avec du vernis à ongles ?

CARAMBAR INFO

Vrai ou faux ? Chaque année un insecte fait en moyenne plus de sept mille enfants.

Réponse : Faux. Par contre on découvre sept mille nouvelles espèces d'insectes chaque année.

KRUNCH

AMUSE TES AMIS

- C'est ça, votre rédaction sur le lait ? Quatre lignes...
- Oui, M'sieur, j'ai parlé du lait concentré.

MORT DE RIRE

Un policier rencontre un homme avec un pingouin :
- Je croyais vous avoir dit hier de l'emmener au zoo !
- Oui, mais aujourd'hui je l'emmène au cinéma !

MONSIEUR ET MADAME

Monsieur et Madame Huaire ont une fille.
Comment l'appellent-ils ?

Réponse : Anne, car annuaire !

C'EST QUOI LE PIRE ?

Sauter à l'élastique attaché(e) par un spaghetti
OU faire du trampoline sur une biscotte géante ?

TAKA! TAKA!
TAKA!

TU DEVINERAS JAMAIS !

Pourquoi les gorilles ont-ils de grosses narines ?

Réponse : Parce qu'ils ont de gros doigts.

HOHOHO

AMUSE TES AMIS

Un savant étudie la puce. Il dit « Saute » et elle saute.
Puis il coupe les pattes de la puce et lui dit : « Saute. »
Mais la puce ne saute pas. Alors il en déduit que quand on coupe les pattes d'une puce, elle devient sourde.

UUH! UUH! UUH!

ÉLÉMENTAIRE, MON CHER !

Quel est l'animal le plus rapporteur ?

Réponse : le cheval, parce que cheval dire à ma mère !

HAHAHA !

MONSIEUR ET MADAME

Monsieur et Madame Cassin ont un fils. Comment l'appellent-ils ?

Réponse : Marc, car marcassin !

TU DEVINERAS JAMAIS !

Qu'est-ce qui est jaune et plein de poils ?

Réponse : Une tartine beurrée tombée sur la moquette.

3 BONNES RAISONS...

... de chausser du 50 :

1) Tu peux faire du ski nautique sans skis.
2) Tu peux bronzer en te protégeant le visage avec les pieds en éventail.
3) Tu peux te chausser gratuitement avec des boîtes à chaussures.

CARAMBAR INFO

Vrai ou faux ? Il existe cinq mille manières de dire « gratte-moi le dos ».

Réponse : Vrai, puisqu'il existe cinq mille langues ou dialectes dans le monde.

AMUSE TES AMIS

Une savonnette demande à une autre :
- Comment fais-tu pour maigrir ?
- C'est simple, je prends un bain tous les jours.

HA HA HA HA HA HA

MONSIEUR ET MADAME

Monsieur et Madame Pahucho ont deux filles. Comment les appellent-ils ?

Réponse : Sandra et Ella, car sans drap elle a pas eu chaud !

DEVINETTE

Qui peut répondre dans toutes les langues sans les avoir apprises ?

Réponse : L'écho.

C'EST QUOI LE PIRE ?

Faire du surf sur une mer de gratin dauphinois
OU dormir enroulé(e) dans une tranche de jambon géante ?

CARAMBAR INFO

Vrai ou faux ? Dans cinq cents grammes de mouches grillées, il y a plus de vitamines que dans un grand verre de lait.

Réponse : Vrai. Il y a également plus de protéines que dans cinq cents grammes de bœuf.

3 BONNES RAISONS...

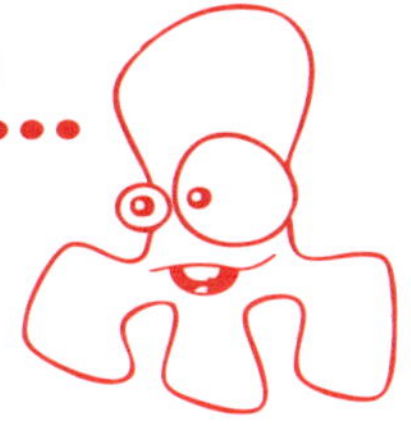

... de ne pas crier dans le wagon d'un train :
1) Ta mère va faire semblant qu'elle n'est pas ta mère.
2) Les voyageurs vont te ligoter et te bâillonner.
3) Le contrôleur va finir par te mettre sur le toit.

DEVINETTE

Qui porte le plus grand chapeau de France ?

Réponse : Celui qui a la plus grosse tête.

CHARADE

Mon premier est une note de musique.
Mon second est noir.
Mon tout est au milieu de mon second.

Réponse : MINUIT (Mi-Nuit).

Mort de rire

- Je vous dois combien ? demande la dame en sortant du taxi.
- Quarante euros, Madame, répond le chauffeur.
- Vous ne pourriez pas reculer un peu ?
Je n'ai que trente-cinq euros sur moi !

tap tap

C'EST QUOI LE PIRE ?

Que ta petite copine ait la même coupe de cheveux que ta mère OU que ta mère s'habille exactement pareil que ta petite copine ?

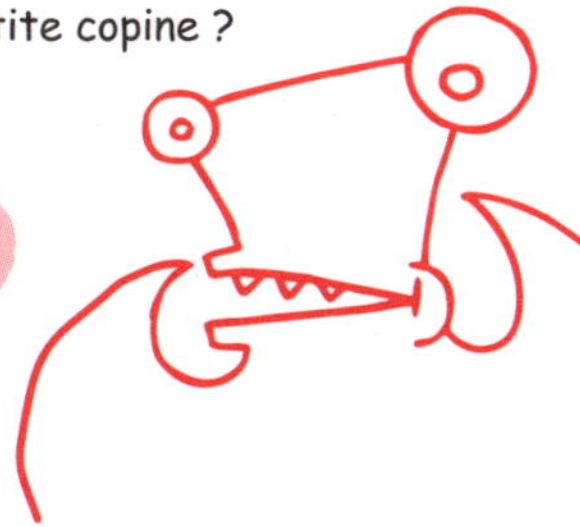

HOHOHO

CARAMBAR INFO

Vrai ou faux ? La plante qui grandit le plus vite sur Terre s'appelle la basketteuse.

Réponse : Faux. La basketteuse est une sportive et non une plante. C'est le bambou qui pousse le plus vite, de quatre-vingt-dix centimètres par jour.

TU DEVINERAS JAMAIS !

Quelle est la différence entre un pitbull et un cocker, quand ils vous font pipi dessus ?

Réponse : Le pitbull, on le laisse finir...

Dans la série

KABOOMAH KABOOMAH KABOOMAH

ÉLÉMENTAIRE, MON CHER !

Quel animal est sourd ?

Réponse : Le crapaud, car il dit coâ coâ !

HAHAHA !

Mort de rire

Toto en voyage avec sa classe voit un âne :
- Regardez le beau cheval !
Sa maîtresse lui dit :
- Mais non, Toto, c'est un âne !
- C'est pas vrai ! Il ne me ressemble pas du tout !

TU DEVINERAS JAMAIS !

Pourquoi un sous-marin est-il dans son tort s'il percute un poisson rouge ?

Réponse : Parce qu'il n'a rien à faire dans un bocal.

BRAK!
BRAK!
BRAK!

CARAMBAR INFO

Vrai ou faux ? Les pélicans n'ont jamais le nez qui coule.

Réponse : Vrai, car ils n'ont pas de narines.

C'EST QUOI LE PIRE ?

Vivre dans une petite caravane très mignonne
OU dans un grand appartement moche ?

IIIAH!

MORT DE RIRE

Deux élèves discutent :
- La voiture de mon père, elle est décapotable !
- Dans celle du mien, on monte à 270 !
- Eh bien... on doit être drôlement serré !

HiHiHi

DEVINETTE

Pourquoi les coqs ont-ils des ailes et les poules pondent-elles des œufs ?

Réponse : Parce que les coqs ont besoin d'elles (ailes) et les poules ont besoin d'eux (œufs).

HoHoHo

AMUSE TES AMIS

Une poule sort de son poulailler et s'écrie :
- Quel froid de canard !
À ce moment-là un canard passe et dit :
- Ne m'en parlez pas, ma chère, moi j'en ai la chair de poule.

3 BONNES RAISONS...

... de ne pas copier sur son voisin :
1) Si ça se trouve c'est le fils de ta prof.
2) Si ça se trouve lui non plus n'a pas révisé.
3) Si ça se trouve c'est lui qui copie sur toi.

C'EST QUOI LE PIRE ?

Que ta mère vienne te chercher à l'école
jusqu'au jour de ton bac
OU que ton père copie sur tes fringues ?

CARAMBAR INFO

Vrai ou faux ? Istanbul est la seule ville au monde qui soit la capitale de deux pays.

Réponse : Faux. Par contre c'est la seule ville à être située sur deux continents en même temps : l'Europe et l'Asie.

Dans la série

AMUSE TES AMIS

- Charlotte, j'espère que tu prêtes ta luge à ton petit frère ?
- Oh oui, maman ! Lui il l'a pour monter, et moi pour descendre !

HA HA HA HA HA HA

MORT DE RIRE

Une vieille dame qui habite Paris visite une église.
Le prêtre lui dit :
- Voici une Vierge du XVe.
- Oh, c'est drôle, nous sommes du même arrondissement !

TOUTE MIMI MIGNONNE

Marion rentre d'un séjour à la neige.
Sa grand-mère lui demande :
- C'était bien, tes vacances au ski, ça t'a plu ?
- Oh oui, mamie, c'était téléféerique... !

AAAGH!

3 BONNES RAISONS...

... de contrôler ta télé par la seule force de ta pensée :

1) Tu peux changer les résultats des matchs de foot.
2) Tu peux changer la couleur des cravates hideuses des animateurs.
3) Tu peux changer de chaîne sans utiliser la zappette.

C'EST QUOI LE PIRE ?

Avoir du chewing-gum entre les doigts de pied
OU avoir de la mayonnaise entre les fesses ?

KRUNCH

CARAMBAR INFO

Vrai ou faux ? Dès la naissance, le nouveau-né kangourou a déjà un autre kangourou encore plus petit dans sa poche.

Réponse : Faux. Par contre il est si petit qu'il tient dans la paume de la main.

AMUSE TES AMIS

- Quand tu as appris à conduire, qu'est-ce qui t'a semblé le plus dur ?
- Les arbres.

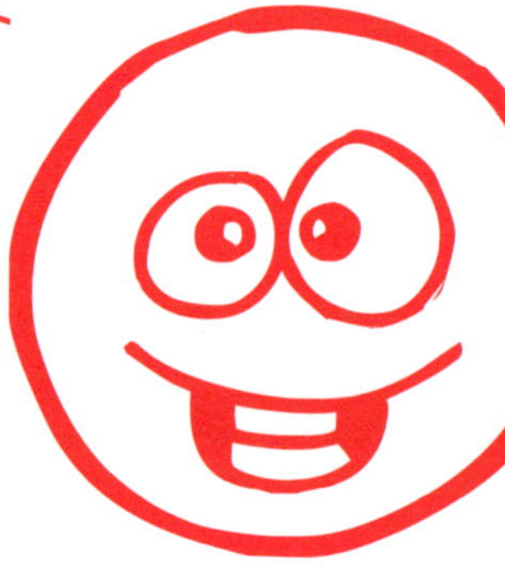

UUH! UUH! UUH!

Y EN A LÀ-DEDANS !

L'instituteur demande à Pierre :
- Combien font trois et trois ?
- Match nul, Monsieur !

TAKA! TAKA! TAKA!

3 BONNES RAISONS...

... de marcher en arrière dans la rue :
1) Ça évite de croiser les gens que tu n'aimes pas.
2) Ça te donne un certain genre.
3) Ça te permet de rattraper le temps perdu.

C'EST QUOI LE PIRE ?

Avoir cinq pouces à la main droite pour devenir champion d'auto-stop OU avoir des yeux derrière la tête pour savoir qui parle dans ton dos ?

CARAMBAR INFO

Vrai ou faux ? Avec une anguille, on peut réduire ses dépenses d'électricité.

Réponse : Vrai. Certaines anguilles sont électriques et peuvent produire plus de 400 volts, c'est-à-dire faire tourner deux frigos en même temps.

HIHIHIHI ! HAHAHA !

VROOOOOM!

AMUSE TES AMIS

- Dis papa, tu sais écrire dans le noir ?
- Oui, mon garçon.
- Super, alors signe mon carnet de notes.

MORT DE RIRE

Un monsieur se rend chez le médecin.
- Docteur, depuis quelque temps, j'ai le cafard et des fourmis dans les jambes.
- Très bien, je vous prescris un insecticide !

CARAMBAR INFO

Vrai ou faux ? Certains perroquets laissés trop longtemps tout seuls sont capables d'appeler SOS Amitié.

Réponse : Faux. Lorsqu'ils sont laissés seuls, ils deviennent fous.

3 BONNES RAISONS...

... de chanter sous ta douche :
1) Si tu chantes faux, il ne pleuvra pas plus fort.
2) Ça distrait les gouttes d'eau.
3) Ça indique que tu es toujours dans la salle de bains.

C'EST QUOI LE PIRE ?

Avoir des ampoules clignotantes aux mains
OU une cloque au pied qui fait de la musique ?

Dans la série

Mort de rire

- Tu as vu des brigands ? Sept, tu dis ?
- Je dis sept.
- Dix-sept ?
- Non, sans dix.
- Cent dix-sept ? Mais c'est toute une bande !

Amuse tes amis

Émilie dit à son père :
- Pourquoi mets-tu le journal dans le frigo ?
Son père répond :
- Pour que les nouvelles soient toujours fraîches.

3 BONNES RAISONS...

... de ne pas jeter des œufs du haut de ton balcon :
1) Ça pourrait contrarier la poule.
2) La concierge retrouve toujours les coupables.
3) On ne reconnaît pas forcément sa mère du 5e étage.

TU DEVINERAS JAMAIS !

De quoi a besoin un éléphant qui a la diarrhée ?

Réponse : De beaucoup d'espace.

C'EST QUOI LE PIRE ?

Te nettoyer les oreilles avec un os de poulet
OU te coiffer avec une arête de poisson ?

HO HO HO !

ÉLÉMENTAIRE, MON CHER !

Quelle est la différence entre une carte postale et un fou ?

Réponse : Aucune, ils sont tous les deux timbrés !

WHACK! WHACK! WHACK!

Y EN A LÀ-DEDANS !

Comment appelle-t-on le père et la mère de l'homme invisible ?

Réponse : Ses transparents !

TU DEVINERAS JAMAIS !

Qu'est-ce qui est grand avant de devenir petit ?

Réponse : Une bougie.

IIIAH!

C'EST QUOI LE PIRE ?

Peindre une toile à l'aide d'une brosse à dents
et d'un tube de mayonnaise
OU faire une sculpture dans
de la purée avec un cure-dents ?

CARAMBAR INFO

Vrai ou faux ? En découvrant la vie,
les bébés girafes tombent de haut.

Réponse : Vrai. Quand leur mère accouche,
ils font une chute de 1,80 m.

SPLAT! SPLAT! SPLAT!

AMUSE TES AMIS

- Un verre de vin, s'il vous plaît.
- Bien Monsieur, voulez-vous du rouge ou du blanc ?
- Pas d'importance, c'est pour un aveugle.

MORT DE RIRE

Dans un cirque, un prestidigitateur entre en scène, désigne un garçon dans le public et lui dit :
- Explique à ces gens que nous ne nous sommes jamais vus !
- D'accord, papa !

Y EN A LÀ-DEDANS !

Par quoi se tiennent l'Angleterre et la France ?

Réponse : Par la Manche !

C'EST QUOI LE PIRE ?

Laver la vaisselle avec ta langue
OU sécher le linge en soufflant dessus ?

KRUNCH

CARAMBAR INFO

Vrai ou faux ? 8 % des péteurs pètent devant leur chien pour s'amuser.

Réponse : Vrai. Reste à savoir si ça amuse le chien...

HAHAHA !

AMUSE TES AMIS

Dans une classe, l'instituteur demande :
- Que savez-vous du département de l'Aube ?
- C'est là que le soleil se lève, Monsieur !

Hi Hi Hi Hi Hi Hi

MORT DE RIRE

Un malade va voir un guérisseur et lui demande :
- Pouvez-vous me soigner, j'ai la grippe ?
Le guérisseur lui dit :
- Bzz...Bzz... vous êtes guéri !
Et le malade lui répond :
- Bzz...Bzz... vous êtes payé !

KABOOMRH

3 BONNES RAISONS...

... de ne pas faire la tronche sur une photo de classe :
1) Tu vas devoir la cacher pendant trente ans.
2) Tes enfants ne voudront pas te ressembler.
3) Les gens diront : « C'est fou ce que t'as pas changé. »

tinkle tinkle tinkle

TU DEVINERAS JAMAIS !

Pourquoi met-on une selle sur un cheval ?

Réponse : Parce que si on la met dessous, elle tombe.

Buzzz
Buzzz

C'EST QUOI LE PIRE ?

Couper un petit pois en huit parts égales avec l'ongle de ton pouce OU faire huit litres de jus d'orange en le pressant sous tes bras ?

Dans la série

AMUSE TES AMIS

Deux escargots se promènent sur une plage quand ils rencontrent une limace :

- Demi-tour, nous sommes sur une plage de nudistes !

MORT DE RIRE

Qu'est-ce qu'un squelette dans un placard ?

Réponse : Quelqu'un qui a gagné en jouant à cache-cache !

Y EN A LÀ-DEDANS !

Qu'est-ce qui tombe tous les jours sans faire de bruit ?

Réponse : La nuit !

3 BONNES RAISONS...

... de bomber le torse quand on croise une fille :

1) Les filles aiment les torses bien bombés.
2) Pour montrer comment tu serais si tu étais sportif.
3) Pour qu'elle se dise : « Il est pas mal, le type à côté de l'idiot qui bombe son torse. »

CARAMBAR INFO

Vrai ou faux ? On reconnaît les moustiques femelles à leurs ailes qui deviennent fluo quand elles volent.

Réponse : Faux. On les reconnaît au fait que ce sont les seules à sucer le sang, alors que les mâles se nourrissent de sève.

Dans la série

AMUSE TES AMIS

Un homme va acheter un lit et demande qu'il soit très très solide.
Le vendeur lui dit :
- Mais vous n'êtes pas si gros, pourtant…
Et il répond :
- Non, mais j'ai le sommeil très lourd.

UUH!

MORT DE RIRE

Un chevalier en armure perdu dans le désert s'évanouit
et tombe dans le sable. Un lion s'approche, le renifle et dit :
- Oh non ! Une boîte de conserve !

ÉLÉMENTAIRE, MON CHER !

Au zoo, un enfant interroge le gardien :
- La girafe attrape-t-elle mal à la gorge quand elle a les pieds mouillés ?
- Oui, comme tout le monde, mais une semaine plus tard !

HIHIHIHIHI ! HAHAHA !

CARAMBAR INFO

Vrai ou faux ? Un pur-sang peut galoper toute une course la bouche pleine de foin.

Réponse : Vrai. En tout cas théoriquement, puisque les chevaux ne respirent que par le nez.

VROOOOOM !

C'EST QUOI LE PIRE ?

Te gratter les fesses avec ton pied droit
OU te masser le cou avec ton genou gauche ?

VROOOOOM !

3 BONNES RAISONS...

... de ne pas râler quand le prof annule un contrôle :

1) Sans le savoir, il a sauvé la vie de certains élèves.
2) Généralement, plus tu insistes, moins t'as d'amis.
3) Il faut reconnaître un miracle quand il arrive.

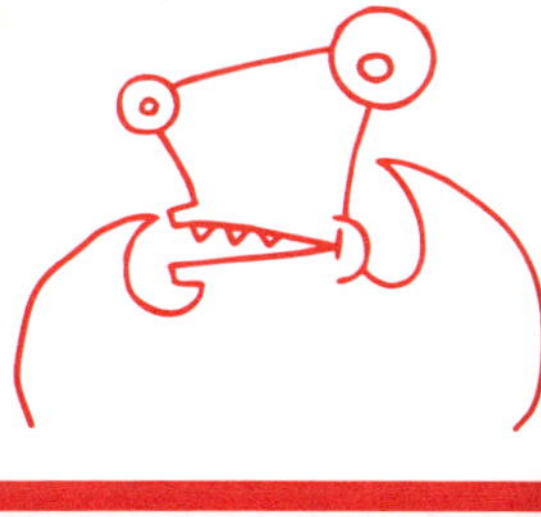

AMUSE TES AMIS

Un professeur dit à un élève :
- Qu'y a-t-il au-dessus du décilitre ?
- Le litre.
- Bien ! Et au-dessus du litre ?
- Le bouchon.

KRUNCH

MORT DE RIRE

- Papa, peux-tu me donner deux euros ?
C'est pour un vieux monsieur qui crie dans la rue...
- Et que crie-t-il ?
- Cornet de glace : deux euros !

Y EN A LÀ-DEDANS !

Je commence par un « e », je finis aussi par un « e »,
mais je ne contiens qu'une lettre... qui suis-je ?

Réponse : Une enveloppe !

SPLAT!

3 BONNES RAISONS...

UUH! UUH! UUH!

... d'aller voir un film d'horreur avec une fille :
1) Pour qu'elle se jette dans tes bras.
2) Pour qu'elle t'enfonce ses ongles dans la main.
3) Pour qu'elle te raconte ce qui se passe quand tu te caches les yeux.

tap tap

C'EST QUOI LE PIRE ?

Traire une vache avec les pieds
OU tondre un mouton avec les dents ?

TU DEVINERAS JAMAIS !

Comment appelle-t-on
un boomerang qui ne revient pas ?

Réponse : Un bout de bois.

HAHAHA !

Dans la série

Élémentaire, mon cher !

Julie dit à son père :
- Je suis certaine que j'aurai zéro en maths.
- Ah bon ?
- C'est aussi sûr que deux et deux font cinq !

Mort de rire

C'est un garçon qui demande dans un restaurant :
- Alors, cette crème renversée, elle arrive ?
- On la ramasse, Monsieur, on la ramasse !

Monsieur et Madame

Monsieur et Madame Cale ont des triplés : deux filles et un garçon. Comment les appellent-ils ?

Réponse : Anna, Lyse et Mehdi, car analyses médicales !

TU DEVINERAS JAMAIS !

Quel est le légume qui est petit, tout blanc et qui fait mal ?

Réponse : L'ail !

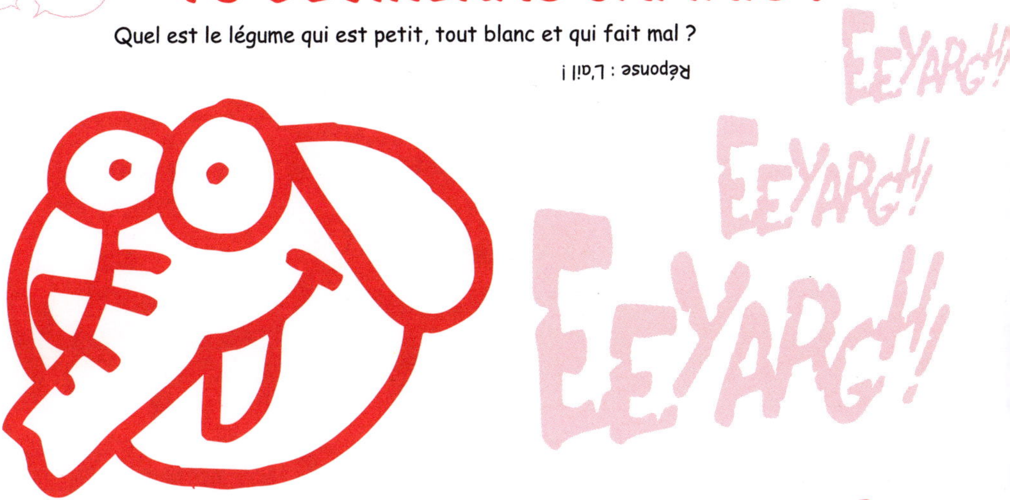

CARAMBAR INFO

Vrai ou faux ? Certains cobras entretiennent d'excellents rapports avec les éléphants.

Réponse : Faux. Leur morsure peut tuer un éléphant adulte en moins de trois heures.

Mort de rire

CRAK!

CRAK!

- Garçon ! Pouvez-vous me dire ce que cette mouche fait dans mon potage ?
- Apparemment, Monsieur, elle nage !

DEVINETTE

Madame Hardy a cinq enfants. La moitié sont des filles. Comment expliquez-vous ça ?

Réponse : L'autre moitié, ce sont aussi des filles.

HAHAHA !

Y en a là-dedans !

Un papa dit à ses enfants :
- Aujourd'hui, nous allons déjeuner chez tante Lucie. Il faudra bien vous tenir !
- Ah bon, s'étonne le plus petit. C'est glissant, chez tante Lucie ?

C'EST QUOI LE PIRE ?

Avoir la langue qui se couvre de poils quand tu manges des bonbons en cachette OU les doigts qui sentent le camembert quand tu te les mets dans le nez ?

TU DEVINERAS JAMAIS !

Comment appelle-t-on la petite d'une oie ?

Réponse : Une noisette.

MONSIEUR ET MADAME

Monsieur et Madame Duciel viennent d'avoir des sextuplés.
Comment les appellent-ils ?

Réponse : Betty, Baba, Noël, Candy, Tess et Andréa, car Petit Papa Noël, quand tu descendras du ciel...

HA HA HA HA HA HA

MORT DE RIRE

Pierre rentre de l'école et annonce tout fier à sa maman :
- J'ai eu 20 aujourd'hui !
- En quelle matière ?
- 3 en maths, 5 en français, et 12 en gym !

AMUSE TES AMIS

Un promeneur s'arrête sur le bord de l'eau et demande à un pêcheur :
- Ça mord ?
- Non, ne craignez rien, ils sont inoffensifs !

3 BONNES RAISONS...

... de ne pas être un personnage de BD :
1) C'est gonflant de parler dans des bulles.
2) On rencontre plus de méchants
que dans la vraie vie.
3) Il fait tout noir quand l'album est fermé.

C'EST QUOI LE PIRE ?

Être coincé(e) dans un ascenseur en panne avec cent camemberts sortis de leurs emballages OU faire un voyage en train avec cent passagers qui n'ont pas changé de chaussettes depuis quinze jours ?

CARAMBAR INFO

Vrai ou faux ? Dans une vie, on perd en moyenne vingt-trois fois ses clés.

Réponse : Faux. Mais on passe environ un an à chercher des objets égarés.

DANS LA SÉRIE

BOOOM

AMUSE TES AMIS

Dans un train, un homme mâche un chewing-gum.
Assise en face de lui, une vieille dame lui dit :
- Vous savez, ne vous fatiguez pas à me faire la conversation, je suis sourde.

HiHiHi

MORT DE RIRE

Un monsieur est au bord d'un lac.
Le garde arrive et lui dit :
- Monsieur, il est interdit de pêcher ici !
- Je ne pêche pas, j'apprends à nager à mon ver de terre !

CARAMBAR INFO

Vrai ou faux ? Certains animaux ont le sang vert pomme.

Réponse : Faux. Il existe trois couleurs de sang : rouge, bleu pour les crustacés et jaune pour les insectes.

TU DEVINERAS JAMAIS !

Quelle est la partie de l'automobile la plus dangereuse ?

Réponse : La conductrice.

HAHAHA !

C'EST QUOI LE PIRE ?

Être puni(e) pour une bêtise que ton frère a faite
OU qu'on félicite ton frère pour un service que tu as rendu ?

HOHOHO

UUH!

AMUSE TES AMIS

– Papa, dit un jeune garçon, je n'ai pas pris l'autobus, j'ai couru derrière. Comme ça j'ai économisé un euro.
– Petit crétin, lui répond son père, fallait courir derrière un taxi, t'aurais économisé trois euros…

CHARADE

Mon premier est un instrument de musique.
Mon deuxième se cultive en Camargue.
Mon troisième n'est pas éveillé.
Mon tout est un long couloir.

SPLAT!

Réponse : CORRIDOR (Cor-Riz-Dort).

PAS D'BOL

Pourquoi le taureau est-il l'animal le plus malheureux du monde ?

Réponse : Parce que sa femme est vache !

UUH! UUH!

CARAMBAR INFO

Vrai ou faux ? Les écureuils se font moins souvent mal que les chats.

Réponse : Vrai, car les écureuils peuvent chuter jusqu'à cent cinquante mètres dans le vide sans se blesser.

TU DEVINERAS JAMAIS !

Pourquoi ne timbre-t-on pas ses mails ?

Réponse : Parce que t'aurais l'air malin, à lécher ton ordinateur !

HAHAHA !

PAS D'BOL

- Allez debout, Roger ! Il faut aller à l'école ! Tu dois te lever !
- Non ! Je ne veux pas y aller : ils sont tous méchants avec moi !
- Mais voyons, Roger, c'est tout de même toi, l'instituteur !

HiHiHiHiHi ! HiHiHiHiHi !

CHARADE

Mon premier est un obstacle.
Mon deuxième est une planète.
Mon troisième est une habitation d'oiseaux.
Mon quatrième est une boisson anglaise.
Mon tout n'a ni début ni fin.

Réponse : ÉTERNITÉ (Haie-Terre-Nid-Thé).

AMUSE TES AMIS

- Monsieur le maroquinier, bonjour. Je voudrais un portefeuille imperméable. C'est pour mettre de l'argent liquide...

3 BONNES RAISONS...

... de mettre une photo de son patron sur son bureau :
1) Pour faire croire que t'es le fils du patron.
2) Pour te dire : « Ô patron adoré, donne-moi ta force. »
3) Pour qu'il te dise en passant : « Je vous félicite pour votre bon goût. »

CARAMBAR INFO

Vrai ou faux ? Il ne faut pas être affamé(e) si on veut manger un œuf d'autruche à la coque.

Réponse : Vrai. Il faut à peu près quatre heures pour le faire bouillir.

C'EST QUOI LE PIRE ?

Repasser tes habits avec un rouleau à pâtisserie
OU essuyer la vaisselle avec tes chaussettes sales ?

PAS D'BOL

La maman d'Émilie n'est pas contente :
- Le lait a débordé ! Je t'avais demandé de surveiller ta montre !
- Mais je l'ai fait, il était exactement 8 h 10 quand le lait a débordé !

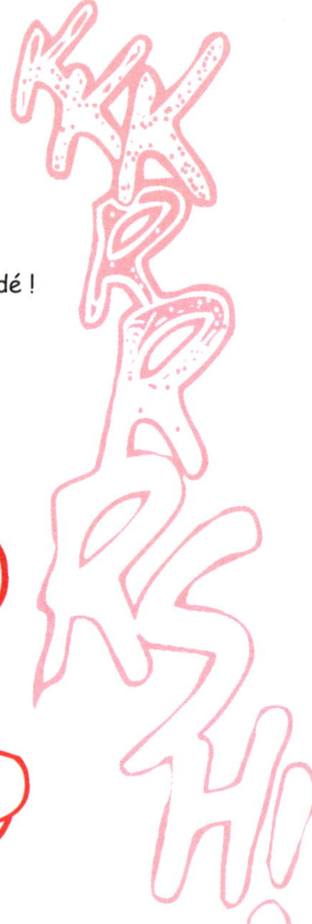

AMUSE TES AMIS

Patrick a découpé en plusieurs morceaux son cheval de bois.
- Tu es fou, le gronde maman, qu'est-ce qui t'a pris ?
Alors le petit garçon lui répond :
- Ben, j'ai joué à la boucherie chevaline !

CHARADE

L'arbre n'aime pas mon premier.
Mon second fait un peu plus que sourire.
Mon tout est un pays du Proche-Orient.

Réponse : SYRIE (Scie-Rit).

CARAMBAR INFO

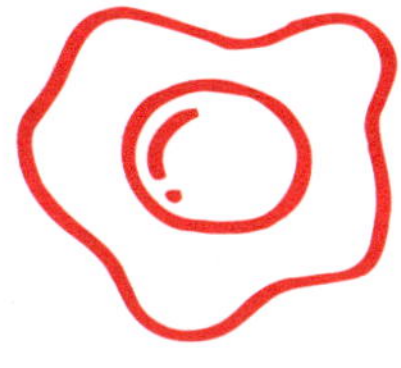

Vrai ou faux ? L'expression la plus populaire au monde est :
« Ah ben tiens, v'là aut' chose ! »

Réponse : Faux. C'est l'expression anglaise « OK ».

C'EST QUOI LE PIRE ?

Bégayer dès que tu dragues quelqu'un
OU avoir le hoquet chaque fois que tu veux
poser une question à ton patron ?

3 BONNES RAISONS...

... de prendre ses vidéos de vacances pour des films :

1) Les Camus à Rome en short, ça donne une impression d'aventure.
2) Les Camus perdus en mer en Pédalo, des frissons.
3) Où est passée la caravane des Camus, du suspense.

SANS QUEUE, NI TÊTE

Qu'est-ce qu'une souris sans sa perruque ?

Réponse : Une chauve-souris !

HAHAHA !

TOUTE MIMI MIGNONNE

Une petite coccinelle affolée va voir un vétérinaire
et lui demande :
- Docteur, vous n'auriez rien contre les points noirs ?

NOOO !

DEVINETTE

Quelles sont les lettres les plus vieilles de l'alphabet ?

Réponse : A - G (Âgées).

TU DEVINERAS JAMAIS !

À quel moment un petit garçon se retrouve-t-il en état de légitime défense ?

Réponse : Quand il signe son carnet de notes à la place de ses parents.

C'EST QUOI LE PIRE ?

Que ta mère te prépare de la tête de veau en sandwich pour le goûter
OU que ta mère ait une tête de veau, mais qu'elle te prépare les meilleurs goûters du monde ?

CARAMBAR INFO

Vrai ou faux ? C'est au Groenland qu'il y a le moins de mariages chaque année.

Réponse : Faux. C'est au Vatican, où il y a aussi moins de pingouins qu'au Groenland.

AMUSE TES AMIS

KABOOMPH

La maîtresse d'école :
- Martine, cite-moi le fruit le plus rafraîchissant.
- La pomme d'arrosoir, M'dame.

IIIAH! IIIAH!

CHARADE

Le premier se fait vers un an.
Pour faire mon premier, il faut avoir mon second.
Mon tout sert à envelopper.

Réponse : PAPIER (Pas-Pied).

PAS D'BOL

Quel est le point commun entre un parachute et l'intelligence ?

Réponse : Dans les deux cas, quand on n'en a pas on s'écrase !

tap tap

TU DEVINERAS JAMAIS !

Qu'est-il écrit dans les bus italiens ?

Réponse : Ne parlez pas au chauffeur,
il a besoin de ses mains.

CARAMBAR INFO

Vrai ou faux ? On utilise deux cents muscles rien que pour lever le petit doigt.

Réponse : Faux. Mais c'est le nombre de muscles sollicités
à chaque pas que l'on fait.

HiHiHiHiHi ! HiHiHiHiHi !

C'EST QUOI LE PIRE ?

Te retrouver coincé(e) dans les toilettes d'un restaurant
OU ne pas pouvoir y entrer alors que tu as une super-envie ?

Élémentaire, mon cher !

Un monsieur dit à un ami :
- C'est énervant, je viens d'acheter un téléphone sans fil, et il ne marche pas.
- Ben, achète un fil !

Pas d'bol

Toto va se coucher sans dire un mot. Son père le rappelle :
- On ne t'apprend pas à dire « bonsoir », à l'école ?
- Ben non ! Je n'y vais que le matin !

Mort de rire

Un homme saute de la tour Eiffel. Ses cheveux tombent dix minutes plus tard. Pourquoi ?

Réponse : Parce qu'il utilise un shampooing qui ralentit la chute des cheveux !

C'EST QUOI LE PIRE ?

Que ton voisin de palier s'achète la même voiture que toi
OU que ta nouvelle secrétaire soit le sosie de ta mère ?

BOOOM

TU DEVINERAS JAMAIS !

Que dit un bébé nuage à sa maman nuage s'il a envie d'aller aux toilettes ?

Réponse : Maman, j'ai envie de faire pluie-pluie.

MWAHAHAHAH !

AMUSE TES AMIS

Un fou demande à un autre :
- Vous aimez le thé ?
- Oh oui, répond l'autre, mais je n'en bois jamais parce que les petits sachets restent dans la gorge.

CHARADE

On se couche dans mon premier.
Mon deuxième est un pronom personnel.
Mon troisième commence l'alphabet.
Mon quatrième conteste.
Mon tout est un pays balte.

Réponse : LITUANIE (Lit-Tu-A-Nie).

PAS D'BOL

Un pou rencontre un de ses amis qui titube :
- Qu'est-ce qui t'arrive, tu es malade ?
- Non, j'ai reçu un coup de peigne !

3 BONNES RAISONS...

... de se couper les ongles de pied régulièrement :

1) C'est plus pratique que de les ronger.
2) C'est plus rapide que de réparer des chaussettes trouées.
3) C'est plus joli de ne pas avoir les pieds d'un ours blanc.

HO HO HO !

C'EST QUOI LE PIRE ?

Te retrouver au milieu d'une bande de chiens affamés avec un collier de saucisses autour du cou
OU te faire lécher le corps par 87 chats après avoir pris un bain de lait ?

CARAMBAR INFO

Vrai ou faux ? Quand on a le « singulthus », personne ne sait comment l'arrêter.

Réponse : Vrai, car « singulthus », c'est le mot latin pour dire hoquet.

CRAK!

SANS QUEUE, NI TÊTE

- Je suis très inquiet, toute la journée je vois des points noirs !
- Tu as vu l'oculiste ?
- Non, des points noirs !

VROOOOOM!

DEVINETTE

À l'entrée d'une passerelle il y a une pancarte : « Ne pas passer à deux sinon le pont casse. » Un homme lit la pancarte et avance. Crac, le pont cède. Pourquoi ?

Réponse : Parce qu'un homme averti en vaut deux.

TOUTE MIMI MIGNONNE

Un bouleau s'aperçoit que son écorce est déchirée.
Il se penche vers un sapin et lui demande :
- Tu peux me passer une aiguille ?

HAHAHA !
HAHAHA !

TU DEVINERAS JAMAIS !

Pourquoi faut-il arrêter de chasser les perdrix quand on n'a pas de fusil ?

Réponse : Parce qu'on ne lancera jamais les chiens assez haut.

C'EST QUOI LE PIRE ?

Avoir un bec qui pousse chaque fois que tu manges un œuf
OU avoir des cornes sur la tête quand tu bois du lait ?

CARAMBAR INFO

Vrai ou faux ? C'est plus agréable de se faire mordre par un crapaud que par une grenouille.

Réponse : Vrai. Car les crapauds n'ont pas de dents, contrairement aux grenouilles.

Amuse tes amis

Jeannot dit à son père :
- Dis, papa, maintenant que tu m'as acheté une voiture à pédales, je peux dire des injures ?

HiHiHi HiHiHi

Mort de rire

Une femme entre dans un magasin, se dirige vers un rayon et dit à la vendeuse :
- Je trouve vos chapeaux trop grands.
- Mais, Madame, vous êtes au rayon des abat-jour !

Charade

Mon premier est une ville du Midi.
Mon deuxième varie suivant les saisons.
Mon troisième donne des points lorsqu'on l'atteint.
Mon tout peut toujours se rallonger.

Réponse : EXTENSIBLE (Aix-Temps-Cible).

3 BONNES RAISONS...

... de garder une photo de sa mère sur soi :
1) Pour avoir une excuse quand on se moque de ta tronche.
2) Pour lui faire une bonne surprise quand elle va fouiller dans ton portefeuille.
3) Pour gratter ton pare-brise quand il est givré.

C'EST QUOI LE PIRE ?

Passer la tondeuse à gazon sur une plage de galets
OU couper des branches d'arbre avec une paire de ciseaux à ongles ?

CARAMBAR INFO

Vrai ou faux ? Une puce peut boire jusqu'à quinze fois son poids en alcool sans dire n'importe quoi.

Réponse : Faux. Par contre elle peut boire jusqu'à quinze fois son poids en sang dans une journée.

DEVINETTE

Deux fourmis sont sur un âne, laquelle va doubler l'autre ?

Réponse : Aucune, c'est interdit de doubler sur un dos d'âne.

MWAHAHAHAH !

MORT DE RIRE

Le maître demande à Toto de lui répéter l'alphabet. Toto lui répond :
- L'alphabet !

abcdefghijklm…

ÉLÉMENTAIRE, MON CHER !

Deux amis échangent des souvenirs d'enfance.
- Sais-tu ce qu'est devenu Antoine, celui qui jouait si bien aux dames ?
- Il est pion dans un lycée !

TU DEVINERAS JAMAIS !

Comment sait-on qu'un astronaute a trompé sa femme ?

Réponse : Il a un cheveu vert sur sa combinaison.

C'EST QUOI LE PIRE ?

Traverser le désert à vélo
OU faire le Tour de France en chameau ?

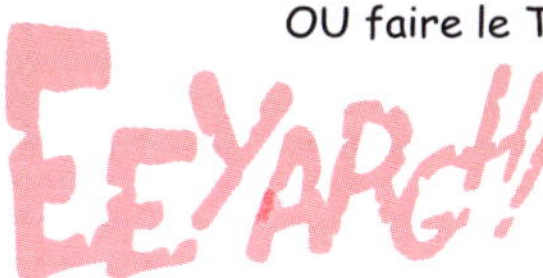

CARAMBAR INFO

Vrai ou faux ? Quand un cochon est malade, son groin devient violet.

Réponse : Faux. On voit qu'un cochon est malade quand sa queue n'est plus en tire-bouchon.

Dans la série

AMUSE TES AMIS

Le malade à son médecin :
- Docteur, je mange comme un bœuf, j'ai un caractère de chien, une fièvre de cheval et j'engraisse comme un porc, que dois-je faire ?
- Il n'y a pas à hésiter ! dit le docteur, allez voir un vétérinaire.

MORT DE RIRE

Un cancre demande à sa mère :
- Maman, comment ça s'écrit, « Nouille » ?
- Pourquoi, mon chéri ?
- Ben... j'ai un exposé à faire sur Nouille York !

Y EN A LÀ-DEDANS !

Un papa demande à son petit garçon :
- Où poussent les poires ?
- Sur un poirier !
- Et où poussent les dattes ?
- Sur un calendrier !

3 BONNES RAISONS...

... de souhaiter la Saint-Valentin à sa femme :

1) Après t'es tranquille pendant un an.
2) Ça te donne une excuse pour oublier son anniversaire.
3) Profites-en, car l'année prochaine tu seras peut-être tout seul !

CARAMBAR INFO

Vrai ou faux ? Chaque jour, en moyenne, on pense 23 000 fois aux filles.

Réponse : Faux. Par contre c'est à peu près le nombre de fois où l'on respire.

HéHéHéHé !

C'EST QUOI LE PIRE ?

Ligoter les pattes d'une mouche après l'avoir attrapée
OU nettoyer un hippopotame couvert de boue avec un Coton-Tige ?

IIIAH !

KRUNCH KRUNCH

AMUSE TES AMIS

Un petit garçon demande à sa maman :
- Dis, maman, il avait quel âge, le Petit Robert, quand il a écrit son livre ?

UUH! UUH! UUH!

CHARADE

Mon premier est un oiseau bavard.
Mon deuxième est une grosse rayure.
Mon troisième est au milieu du visage.
Mon tout est une chaîne de montagnes.

Réponse : PYRÉNÉES (Pie-Raie-Nez).

Y EN A LÀ-DEDANS !

Comment appelle-t-on une taupe qui a le poil blond et les yeux bleus ?

Réponse : une taupe-modèle !

C'EST QUOI LE PIRE ?

Trouver des poils dans ta soupe
OU un cafard dans tes poils ?

AH ! AH ! AH !

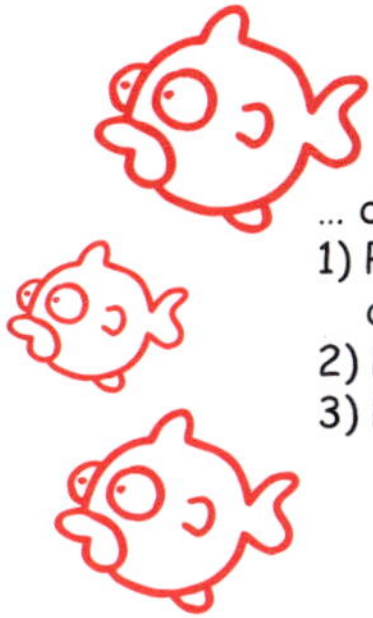

3 BONNES RAISONS...

tap tap

... de passer la nuit à son bureau :

1) Pour manger toutes les sucreries planquées dans les tiroirs de tes collègues.
2) Pour faire une séance photo dans le fauteuil de ton patron.
3) Pour photocopier tes dessous de bras tranquillement.

CARAMBAR INFO

Vrai ou faux ? Le koala ne s'autorise que deux heures par jour de pause pour déjeuner et se promener.

Réponse : Vrai. Et ce gros flemmard dort les vingt-deux heures restantes de la journée.

DEVINETTE

Pourquoi les musiciens aiment-ils prendre le train ?

Réponse : Parce que la voie fait ré.

HAHAHA !

SANS QUEUE, NI TÊTE

Qu'est-ce qui est noir avec un point jaune et qui vole ?

Réponse : Une mouche avec une dent en or !

ÉLÉMENTAIRE, MON CHER !

À l'école :
- Claire, dit la maîtresse, conjugue le verbe « marcher » au présent de l'indicatif.
- Euh... Je marche, tu marches...
- Dépêche-toi, Claire !
- Je cours, tu cours !

C'EST QUOI LE PIRE ?

Chanter merveilleusement bien et rester inconnu toute ta vie
OU avoir une voix atroce et devenir une grande star de la chanson ?

CARAMBAR INFO

Vrai ou faux ? Pour devenir cosmonaute,
il faut mesurer au minimum 1,80 m.

Réponse : Vrai. Pourtant, s'ils étaient plus petits,
ils auraient plus d'espace...

TU DEVINERAS JAMAIS !

Pourquoi un conducteur myope enlève-t-il ses lunettes
lors d'un contrôle d'alcoolémie ?

Réponse : Parce que ça lui fait toujours deux verres en moins.

Riiiip!

DEVINETTE

Quel est le tailleur qui peut se passer de fil et d'aiguilles ?

Réponse : Le tailleur de pierres.

MORT DE RIRE

Un citron et une vache veulent cambrioler une banque. Le citron dit :
- Plus un zeste !
Et la vache crie :
- On bouse plus !

ÉLÉMENTAIRE, MON CHER !

Un maître demande à un élève :
- Dis-moi une phrase avec une épithète.
L'élève répond :
- Aujourd'hui il fait beau, épithète demain aussi !

CRAK!
CRAK!

TU DEVINERAS JAMAIS !

Comment faire grandir son nouvel amoureux, s'il est trop petit ?

Réponse : Le planter dès le premier rendez-vous.

C'EST QUOI LE PIRE ?

Dormir une nuit entière sur une photocopieuse en marche
OU que ton patron t'oblige à taper tout son courrier en étant allongé sur un transat ?

CARAMBAR INFO

Vrai ou faux ? À cause de la transpiration, les ongles des pieds poussent deux fois plus vite que ceux des mains.

Réponse : Faux. Au contraire, il poussent quatre fois moins vite.

Y EN A LÀ-DEDANS !

Pendant un cours de grammaire, la maîtresse demande à un élève :
- Si je dis : « Le voleur est arrêté », où se trouve le sujet ?
L'élève lui répond :
- En prison, Mademoiselle !

DEVINETTE

Quelle est la différence entre un avion et de la colle ?

Réponse : La colle, elle colle, et l'avion, il décolle.

AMUSE TES AMIS

La maîtresse demande à Julie :
- Qu'as-tu fait, pendant les vacances ?
Julie répond :
- Pas grand-chose, et en tout cas pas de quoi faire une rédaction.

3 BONNES RAISONS...

... de ne pas abuser des jeux vidéo :

1) À force de tenir les manettes tu vas avoir des ampoules plein les doigts.
2) Même si tu finis tous les niveaux du jeu ça fera idiot si tu le mets dans ton CV.
3) À la longue tu vas croire que tu as aussi plusieurs vies.

C'EST QUOI LE PIRE ?

Être le chouchou d'une prof que tout le monde déteste
OU être la tête de Turc d'un surveillant que tout le monde trouve cool ?

CARAMBAR INFO

Vrai ou faux ? Si on garde son poisson rouge dans le noir, il se met à pleurer.

Réponse : Faux. Mais par contre, à la longue, il deviendra blanc. Donc il faut vraiment éviter !

AMUSE TES AMIS

Deux fous se promènent. Soudain, ils lèvent la tête pour regarder passer un avion.
- Ah, je le reconnais, c'est l'avion du président.
- T'es fou ? On aurait vu passer les motards !

MORT DE RIRE

Trois prisonniers s'échappent de prison. Le premier passe et fait du bruit. Le gardien demande :
- Qui va là ?
Le premier fait « miaou », le deuxième fait « miaou », et le troisième dit :
- C'est le chat !

TOUTE MIMI MIGNONNE

Que se font un papa cygne et une maman cygne lorsqu'ils se rencontrent ?

Réponse : un petit signe !

3 BONNES RAISONS...

... de ne pas percer ses boutons :

1) Parce qu'ils vont mettre plus de temps à partir.
2) Parce qu'en te voyant toutes les filles pourront t'imaginer en train de le faire.
3) Parce que ça va salir le miroir de la salle de bains.

AHAHAH!

AHAHAH!

C'EST QUOI LE PIRE ?

Te faire couper les cheveux dans le noir
OU devoir prendre ton bain devant toute ta classe ?

DANS LA SÉRIE

AMUSE TES AMIS

Un dentiste demande à son patient :
- Vous ne voulez vraiment pas que je vous anesthésie la dent ?
- Ah non ! Elle me fait souffrir depuis trois jours, je me venge !

ÉLÉMENTAIRE, MON CHER !

Que demande un tennisman, lorsqu'il fait la manche ?

Réponse : « T'as pas deux balles ? »

TOUTE MIMI MIGNONNE

Un bébé nuage pleure.
- Tu veux une petite pluie ? lui propose maman nuage.
- Non.
- Tu veux un petit cyclone ?
- Non, je veux juste une petite bise !

TU DEVINERAS JAMAIS !

Pourquoi le ciel est-il si grand ?

Réponse : Parce que ça permet aux super-héros de ne pas se rentrer dedans quand ils volent.

3 BONNES RAISONS...

... de ne pas prendre le désert pour une plage :

1) La mer est trop loin.
2) Le terrain de volley est trop grand.
3) Les glaces fondent trop vite.

C'EST QUOI LE PIRE ?

Être enfermé(e) une semaine dans un placard avec plein de bonbons OU être libre avec interdiction d'en manger ?

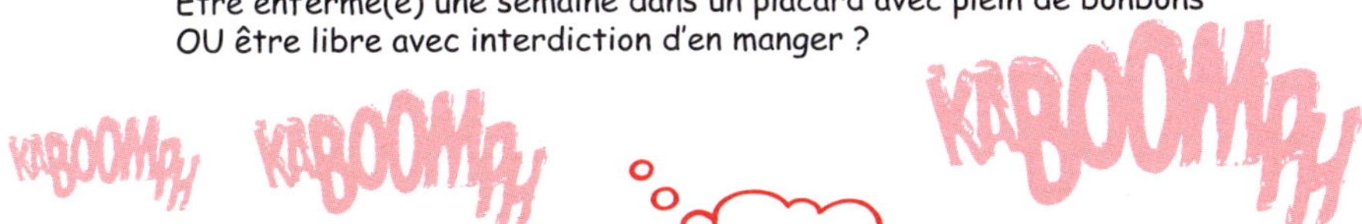

ÇA, C'EST LE COMBLE !

Quel est le comble pour un professeur de géographie ?

Réponse : C'est de voir un fleuve suivre son cours !

MORT DE RIRE

- Docteur, docteur, je crois que j'ai un besoin urgent de lunettes !
- C'est ce que je pense, chère madame, car ici vous êtes dans une boulangerie !

TOUTE MIMI MIGNONNE

Une gomme en rencontre une autre.
Elle lui demande :
- Comment ça va ?
- Bah, gomme-ci, gomme-ça !

TU DEVINERAS JAMAIS !

Qu'est-ce qui est blanc, rouge au bout et qui sent le pipi ?

Réponse : Une borne kilométrique !

C'EST QUOI LE PIRE ?

Avoir un appareil dentaire fluo qui clignote quand tu souris
OU des lunettes qui te font loucher ?

CARAMBAR INFO

Vrai ou faux ? En mettant bout à bout les feuilles de papier toilette utilisées par les Français pendant un an, on peut faire 1650 fois le tour de la Terre.

Réponse : Vrai. Mais il faut vraiment ne rien avoir d'autre à faire...

HAHAHA !

ÉLÉMENTAIRE, MON CHER !

Une dame s'étonne de voir sa femme de ménage essuyer les vitres avec un mouchoir :
- Pourquoi n'utilisez-vous pas un chiffon ?
- Mais Madame, c'est un mouchoir à carreaux !

AH !

MORT DE RIRE

Dans un magasin chic, un client s'adresse au vendeur :
- Vos pantalons sont un peu chers. Vous n'avez rien en dessous ?
- Si, un slip, pourquoi ?

ÇA, C'EST LE COMBLE !

Quel est le comble du gendarme ?

Réponse : Arrêter tous les oiseaux qui volent !

TAKA ! TAKA ! TAKA !

TU DEVINERAS JAMAIS !

Que peut-on faire comme métier si on ne sait compter que jusqu'à dix ?

Réponse : Arbitre de boxe.

C'EST QUOI LE PIRE ?

Rater ton bac cinq fois d'affilée sans que ça se sache
OU réussir ton permis de conduire du premier coup sans jamais avoir de voiture ?

DEVINETTE

Quelles sont les trois villes de France qui, réunies, donnent vingt et un ?

Réponse : Troyes - Foix - Sète (trois fois sept).

Mort de rire

Un fou demande à un autre :
- Que faites-vous, dans la vie ?
- Je travaille dans un bureau, répond l'autre.
- Ah bon ! fait le premier. Et dans quel tiroir ?

ÉLÉMENTAIRE, MON CHER !

Toto demande une tranche de gruyère et donne une pièce de deux euros au vendeur.
- Mais la pièce est trouée ! dit le vendeur.
- Votre gruyère aussi ! répond Toto.

CARAMBAR INFO

Vrai ou faux ? Avant de s'endormir, les autruches se crachent les unes sur les autres pour se laver.

Réponse : Faux. Par contre les autruches bâillent en groupe avant de s'endormir.

KRUNCH KRUNCH KRUNCH

C'EST QUOI LE PIRE ?

Muer de la voix à dix-huit ans
OU avoir déjà de la barbe à sept ans ?

TU DEVINERAS JAMAIS !

Que représente un feu rouge qui passe au vert, pour un extraterrestre ?

Réponse : Une fille qui lui fait de l'œil.

HIHIHIHIHI !

DANS LA SÉRIE

HI HI HI HI HI HI HA HA HA HA HA HA

AMUSE TES AMIS

Une tomate et un citron traversent la rue, le citron se fait écraser, le tomate se retourne et lui crie :
- Alors, Juju, tu te presses ?

MORT DE RIRE

- Bonjour Monsieur, je viens régler la dernière mensualité du landau que j'avais acheté à crédit.
- Parfait, Madame, et comment va l'enfant ?
- Très bien ! Elle va se marier la semaine prochaine !

TOUTE MIMI MIGNONNE

- Dis, mémé, quel âge as-tu ?
- Oh, je ne sais pas, ma petite-fille !
- Eh bien regarde ta culotte, sur la mienne il y a écrit quatre ans !

C'EST QUOI LE PIRE ?

Avoir une tête en savon quand il pleut
OU avoir des pieds en fromage quand il fait très chaud ?

CARAMBAR INFO

Vrai ou faux ? Ça prend plus de temps à une blonde de compter ses cheveux qu'à une brune ou à une rousse.

Réponse : Vrai. En moyenne elles ont plus de cheveux que les autres : 150 000 pour les blondes, 100 000 pour les brunes et 60 000 pour les rousses.

BRAK! BRAK! BRAK!

AMUSE TES AMIS

Un escargot console un ver luisant qui regarde tristement une étoile dans le ciel :
- Ne t'inquiète pas, ce n'est qu'une frimeuse !

MORT DE RIRE

En leçon de conjugaison, la maîtresse demande :
- « Je serai belle », quel temps est-ce ?
- Le futur, répond Arthur.
- Et « je suis belle » ?
- Un mensonge, maîtresse !

HI, HI, HI !

TOUTE MIMI MIGNONNE

Charlotte va voir sa maman et demande :
- Est-ce que je pourrais avoir du chocolat ?
- On dit comment ?... s'il... s'il...
- ... s'il... en reste encore !

TU DEVINERAS JAMAIS !

Qu'est-ce que les hommes font le mieux pour dîner ?

Réponse : Une réservation au restaurant.

CRAK!

C'EST QUOI LE PIRE ?

Faire un match de boxe sur des échasses
OU escalader le mont Blanc avec des palmes ?

WHACK! WHACK!

CARAMBAR INFO

Vrai ou faux ? Une tonne de fer, c'est tellement lourd que ça pèse trois tonnes.

Réponse : Vrai. D'une certaine manière, avec le temps, la rouille peut alourdir le fer jusqu'à trois fois son poids.

AMUSE TES AMIS

- Maman, crie Éric en courant vers sa mère,
mon petit frère est en train de manger le journal !
- Ce n'est rien, dit placidement sa mère, c'est celui d'hier.

TOUTE MIMI MIGNONNE

Une petite souris très enrouée s'écrie, triomphante :
- Ça y est ! J'ai un chat dans la gorge !

Deux mites se promènent sur un veston :
- Vous partez en vacances, cette année ?
- Oui, j'ai trouvé un petit trou au bord de la Manche !

TU DEVINERAS JAMAIS !

Comment faire pour se retrouver sur un arbre de vingt mètres en moins de deux secondes ?

Réponse : Sauter d'un arbre de trente mètres.

C'EST QUOI LE PIRE ?

Que ton père ressemble au prof que tu détestes le plus
OU que ta mère soit le sosie d'une chanteuse nulle ?

BLAGUES D'ICI ET D'AILLEURS

DEVINETTE

Qu'est-ce qui est aussi grand que l'Arc de triomphe et qui ne pèse rien ?

Réponse : Son ombre

MORT DE RIRE

Deux copines discutent :
- Tu connais *Le Barbier de Séville ?*
- Oh, tu sais, moi, à l'étranger, je ne vais jamais chez le coiffeur !

AMUSE TES AMIS

Deux escargots se promènent, l'un dit :
- Si on allait manger des cerises ?
- Idiot, on est en hiver !
- Oui, mais le temps d'y arriver, ce sera l'été.

PAS SI BÊTE !

Une maman kangourou demande à son fils qui vient de passer le bac :
- Alors, cet examen ?
- Pas de problème, c'est dans la poche !

3 BONNES RAISONS...

... de ne pas faire plus de trous dans l'emmenthal :
1) Il y en a déjà assez.
2) Il risque de ne plus rester que les trous.
3) Tu as certainement autre chose à faire dans la vie.

C'EST QUOI LE PIRE ?

T'endormir avant la fin de tous les films
OU avoir toujours dans la tête une chanson
que tu détestes ?

DANS LA SÉRIE

3 BONNES RAISONS...

... de ne pas mettre son slip sur sa tête :

1) Ce n'est pas encore à la mode.
2) Ça tient moins chaud qu'un bonnet.
3) Après, tu vas te mettre une casquette dans le pantalon.

DEVINETTE

SPLAT ! SPLAT ! SPLAT !

Quels fleuves font la meilleure soupe ?

Réponse : Le Pô et le Tage (potage).

HGHGHGHGHG ! HGHGHGHGHGHG !

SANS QUEUE NI TÊTE

Un fou se tape la tête contre un mur.
Un passant lui en demande la raison, et le fou lui répond :
- Parce que tout le monde dit que je suis marteau !

SPLAT !

C'EST QUOI LE PIRE ?

Avoir le rôle principal dans un film que tu détestes
OU faire de la figuration dans un film que tu adores ?

CARAMBAR INFO

Vrai ou faux ? Les gens qui habitent en ville ont des torses plus poilus que les gens de la campagne.

Réponse : Faux. Par contre, les citadins ont les poils du nez plus longs, plus épais et plus denses que les gens de la campagne.

TU DEVINERAS JAMAIS !

Qu'est-ce qui a quatre bras, quatre jambes et deux têtes ?

Réponse : Ton prof, si tu le regardes en louchant.

AMUSE TES AMIS

Julien dit :
- J'aurais aimé vivre au Moyen Âge.
Sa maman :
- Pourquoi?
Julien :
- Parce que j'aurais eu moins d'histoire à apprendre !

CHARADE

Mon premier coupe du bois.
Mon deuxième est au milieu de la figure.
Mon troisième est au milieu d'un bateau.
Dans mon tout, on joue la comédie.

Réponse : CINÉMA (Scie-Nez-Mât).

DEVINETTE

Nous avons six fois la lettre S dans notre nom.
Qui sommes-nous ?

Réponse : Les Suissesses.

3 BONNES RAISONS...

... de manger des fruits pour avoir la santé :
1) Ça te file la pêche.
2) Ça te donne la banane.
3) Et ça t'évite de tomber dans les pommes.

tap tap

C'EST QUOI LE PIRE ?

Se sentir sale mais sentir bon
OU se sentir propre mais sentir mauvais ?

MORT DE RIRE

Savez-vous pourquoi ma sœur Christelle passe ses soirées au téléphone ?

Réponse : Pour garder la ligne !

PAS SI BÊTE !

Pourquoi les jeunes lions ont-ils toujours de mauvaises notes à l'école?

Réponse : Parce que ce sont tous des lions sots (lionceaux) !

AMUSE TES AMIS

Deux enfants passent devant le panneau « Ralentir, école ».
- Tu te rends compte, dit l'un, ils ne croient tout de même pas qu'on y va en courant.

PAS DE BOL

Dans un avion, l'hôtesse annonce aux passagers :
- Vous êtes priés d'attacher votre ceinture !
- Désolé, s'écrie un passager, moi, je porte des bretelles !

3 BONNES RAISONS...

... de laisser un bon pourboire au restaurant :
1) Pour avoir l'air riche à bon compte.
2) Pour te débarrasser des pièces qui encombrent ta poche.
3) Pour te faire pardonner de n'avoir commandé qu'une entrée.

CARAMBAR INFO

Vrai ou faux ? Un homme pète en moyenne seize fois par jour

Réponse : Vrai. Et les femmes, quatre fois par jour.

C'EST QUOI LE PIRE ?

Séduire quelqu'un en étant ridicule
OU être repoussé en conservant sa dignité ?

CRAK!

SANS QUEUE NI TÊTE

Le père de Toto lui demande :
- Pourquoi travailles-tu la nuit ?
- C'est pour mettre mon travail à jour !

AMUSE TES AMIS

L'instituteur demande à l'écolier de lui citer le nom d'un port étranger.
L'écolier répond :
- Le cochon d'Inde.

CHARADE

Mon premier est bavard.
Mon deuxième est oiseau.
Mon troisième est chocolat.
Mon tout est un gâteau.

Réponse : BAVAROIS AU CHOCOLAT
(Bavard-Oiseau-Chocolat)

3 BONNES RAISONS...

... de ne pas se ronger les ongles des pieds :
1) C'est moins bon qu'un hot dog.
2) Après, ta douche va sentir les pieds.
3) Tu n'es pas stressé à ce point-là !

C'EST QUOI LE PIRE ?

Pousser ta voiture en panne sur une route de caramel fondu OU faire du vélo dans un champ de chewing-gums mâchés ?

DEVINETTE

Pourquoi les oiseaux échassiers dorment-ils sur une patte ?

Réponse : Parce que, s'ils enlevaient l'autre, ils se casseraient le bec !

ÉLÉMENTAIRE, MON CHER !

Un dentiste dit à un client :

- Croyez-moi, vous devriez vous laver les dents plus souvent, sinon, vous allez toutes les perdre et, après, vous vous en mordrez les doigts !

3 BONNES RAISONS...

... de ne pas regratter une allumette consumée :
1) Ça fait longtemps que la flamme est partie faire sa vie ailleurs.
2) Le grattement d'une allumette brûlée, c'est désagréable.
3) Hé ! Tu n'es pas si radin que ça pour l'utiliser deux fois !

CARAMBAR INFO

Vrai ou faux ? Certains moustiques peuvent larguer des petites bombes à eau.

Réponse : Faux. Mais il faut savoir que tous les moustiques ont des dents.

PAS SI BÊTE !

Une maman vache gronde son petit :
– Je ne suis pas contente du tout. Sur ton carnet, il est écrit : « Peut faire meuh ... ! »

AMUSE TES AMIS

Une voyante se présente dans un commissariat :
- Je viens porter plainte, parce que je vais être cambriolée demain matin !

KRRAKSH!

DEVINETTE

Qui se brise quand on dit son nom ?

Réponse : Le silence.

MWAHAHAHAH!

TOUTE MIMI MIGNONNE

Un sucre est amoureux d'une petite cuiller. Il lui dit :
- On se voit, ce soir ?
- Oui ! Où ça ?
- Dans un café, naturellement !

HAHAHA !

3 BONNES RAISONS…

… de ne pas manger au petit déj' les restes du dîner :

1) Le boudin blanc trempé dans du café, c'est moyen.
2) Le cassoulet, ce n'est pas énergétique.
3) Une part de brie dans le grille-pain est source de mauvaises odeurs.

TU DEVINERAS JAMAIS !

Comment installer gratuitement la climatisation dans un bureau ?

Réponse : En mettant dans la même pièce ceux qui brassent de l'air et ceux qui pompent celui des autres.

C'EST QUOI LE PIRE ?

Jouer au basket avec un œuf d'autruche
OU tirer des penalties dans une cage gardée par une mouche super bien entraînée ?

Dans la série

MORT DE RIRE

Le prof de Fabrice :

- Une grande rue s'appelle une artère.
- Oui, dit Fabrice, et la traverser sans se faire écraser, c'est une veine !

AMUSE TES AMIS

Deux asticots se retrouvent dans une pomme :

- Tiens, je ne savais pas que vous habitiez le quartier !

3 BONNES RAISONS...

... d'être cool avec une mouche :

1) Elle n'essaiera pas de rentrer dans ton trou de nez.
2) Elle ne se baignera pas dans ton jus d'orange le matin.
3) Elle ne volera pas autour de ton oreille quand tu dors.

C'EST QUOI LE PIRE ?

Pêcher des sardines en boîte
OU cueillir des haricots congelés ?

ÉLÉMENTAIRE, MON CHER !

La maîtresse demande à Laurent :
- Le pape est mort. Qui le remplace ?
- Eh bien, dit Laurent, le sous-pape !

TAKA! TAKA! TAKA!

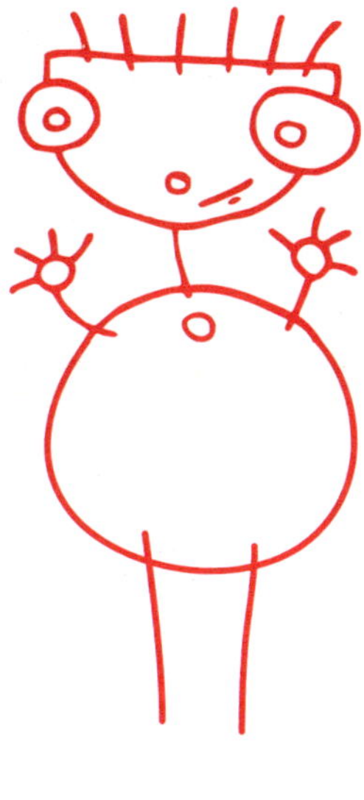

MONSIEUR ET MADAME

Monsieur et Madame Torant ont un fils.
Comment l'appellent-ils ?

Réponse : Oreste, car au restaurant !

DANS LA SÉRIE

C'EST QUOI LE PIRE ?

Que tout le monde te regarde avec des yeux de merlan frit
OU que tout le monde te sourie avec des dents de requin ?

3 BONNES RAISONS...

... de faire du ski en ouvrant la bouche :
1) Tu crieras plus vite si tu tombes.
2) Tu n'auras jamais mauvaise haleine.
3) Tu pourras attraper le remonte-pente avec les dents.

TU DEVINERAS JAMAIS !

Pourquoi les avocats se font-ils souvent disputer par leurs femmes ?

Réponse : Parce qu'ils achètent fréquemment de nouvelles robes.

DEVINETTE

Quel est le comble pour un jeune chameau ?

Réponse : Être privé de désert !

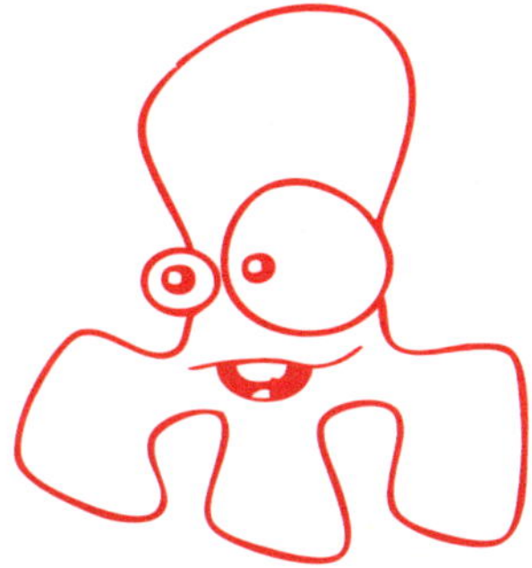

AMUSE TES AMIS

- Manu, mange ton steak, et tu seras fort comme un bœuf !
- Tu m'as déjà fait le coup avec le poisson, et je ne sais toujours pas nager !

CARAMBAR INFO

Vrai ou faux ? Un bâillement dure en moyenne six secondes.

Réponse : Vrai, mais ce chiffre se multiplie par dix en présence de personnes ennuyeuses.

3 BONNES RAISONS...

... de ne pas réclamer des frites à chaque repas :
1) Trop de frites tuent la frite.
2) Pense à toutes ces pommes de terre innocentes que tu vas faire souffrir.
3) Parce qu'en même temps, c'est bon, les pâtes !

HAHAHA !

C'EST QUOI LE PIRE ?

Devoir regonfler tes muscles avec une pompe à vélo toutes les demi-heures
OU que tes cheveux poussent de quinze centimètres toutes les heures ?

WHACK!

DEVINETTE

Qu'est-ce qu'il ne faut pas faire si on croise un poisson-scie ?

WHACK!

Réponse : La planche.

Y EN A LÀ-DEDANS !

Quel est le point commun entre une voiture et un dieu ?

Réponse : Ils ont tous les deux une vidange (vie d'ange) !

CARAMBAR INFO

Vrai ou faux ? Le bruit d'un pet se propage cinq fois plus vite dans une baignoire qu'en plein air.

Réponse : Vrai, ce qui n'est pas le cas pour l'odeur.

DEVINETTE

Sans air, je meurs et pourtant je n'ai pas de poumons. Qui suis-je ?

Réponse : Le feu.

3 BONNES RAISONS...

... de ne pas choisir une sonnerie de portable débile :
1) On te traitera d'« idiot à la sonnerie débile ».
2) Si ton portable sonne au cinéma, on te détestera deux fois plus.
3) Tout le monde le fait !

Y EN A LÀ-DEDANS !

Pourquoi les éléphants ne regardent-ils pas où ils marchent ?

Réponse : Parce qu'ils ont des défenses d'ivoire !

DEVINETTE

Quel est le premier animal apparu sur la Terre ?

Réponse : Le mouton, parce qu'il est lainé !

C'EST QUOI LE PIRE ?

Nettoyer les dents de ton chat avec ta langue
OU te laver les cheveux avec la bave de ton chien ?

HOHOHO HOHOHO

SANS QUEUE NI TÊTE

Un curieux demande :
- Est-ce vous qui domptez ces panthères féroces ?
- Non, j'aurais trop peur ! Moi, je me contente de les brosser et de leur laver les dents !

HOHOHO

MORT DE RIRE

Deux fous repeignent le salon.
Soudain, le premier dit à celui qui peint le plafond :
- Accroche-toi au pinceau, je retire l'échelle !

DANS LA SÉRIE

DEVINETTE

Qu'est-ce qui a deux grandes oreilles, une trompe, et qui pèse vingt grammes ?

Réponse : Un éléphant pris en photo !

MORT DE RIRE

Une femme arrive au guichet d'une salle de concerts :
- Je voudrais une place à demi-tarif.
- Pourquoi à demi-tarif ?
- Parce que je suis sourde d'une oreille !

AMUSE TES AMIS

On ne dit pas « un camion-citerne » mais « un poids lourd sans couleurs ».

3 BONNES RAISONS...

... de ne pas trop parler football à sa femme :
1) Elle se vengera en ne te parlant que de mode.
2) Elle se mettra à soupirer bizarrement.
3) Elle te rendra jaloux en tombant sous le charme de ton joueur préféré.

TOUTE MIMI MIGNONNE

Maman cornichon et son bébé se promènent quand, soudain, un concombre passe :
– Maman, demande le bébé, si je mange bien ma soupe, je serai aussi grand que lui ?

Y EN A LÀ-DEDANS !

Quelle est la différence entre un arbitre de foot et un déménageur ?

Réponse : Aucune, ils passent tous deux leur temps à sortir des cartons !

ÉLÉMENTAIRE, MON CHER !

Toto demande à son père :
- Papa, c'est quoi, un synonyme ?
- C'est un mot qu'on emploie quand on ne sait pas comment l'autre s'écrit.

HOHOHO

C'EST QUOI LE PIRE ?

Dormir une nuit entière sur une photocopieuse en marche
OU être flou sur toutes les photos qu'on prend de toi ?

TU DEVINERAS JAMAIS !

Quelle différence y a-t-il entre une carotte cuite et un menteur ?

Réponse : Aucune, car ni l'un ni l'autre ne sont crus.

HA HA HA HA HA HA HA HA HA HA HA HA

CARAMBAR INFO

Vrai ou faux ? Caresser un porc-épic, c'est très doux au toucher

Réponse : Vrai...Si vous pouvez supporter ses 300 000 piquants.

3 BONNES RAISONS...

... de ne pas skier dans le Sahara :

1) Ce n'est pas évident de skier sur du sable.
2) Tu auras du mal à trouver un remonte-pente.
3) Vu la chaleur, tes mains vont maigrir dans tes moufles.

3 BONNES RAISONS...

... de ne pas appuyer tous les jours sur toutes les sonnettes de ton immeuble :

1) Tout le monde l'a fait avant toi.
2) Tout le monde le fera après toi.
3) Tu veux vraiment être comme tout le monde ?

Riiiip! Riiiip! Riiiip! Riiiip!

MONSIEUR ET MADAME

Monsieur et Madame Versaire ont quatre filles.
Comment les appellent-ils ?

Réponse : Elsa, Rose, Laure, Annie, car elles arrosent leur anniversaire !

DEVINETTE

Qu'est-ce qui est vert et qui va sous l'eau ?

Réponse : Un chou-marin.

HAHAHA !

C'EST QUOI LE PIRE ?

Mastiquer un chewing-gum vieux de huit jours
OU mâcher un bonbon au caramel que ta grand-mère a ramolli dans sa bouche ?

CARAMBAR INFO

Vrai ou faux ? Les gorilles ne savent pas se tenir au restaurant.

Réponse : Vrai. Pour montrer qu'ils ont faim, ils tirent la langue.

3 BONNES RAISONS...

... de réfléchir avant de demander une coupe de star :
1) Le coiffeur peut confondre ta star avec une autre.
2) Tu vas te sentir idiot quand tu le demanderas à ton coiffeur.
3) Le vrai talent ne vient pas des cheveux.

AMUSE TES AMIS

C'est l'histoire de trois copains steaks qui rentrent de l'école.
Soudain, le plus jeune se retrouve tout seul et dit, pris de panique :
- Ohé ! Où êtes-vous ?
Et les deux autres steaks surgissent de derrière un tronc d'arbre et disent :
- On s'était cachés (on steak haché).

CARAMBAR INFO

Vrai ou faux ? Pour vraiment devenir le nombril du monde, il faut aller au centre de la Terre.

Réponse : Faux. Mais, à cause de la gravité, c'est le seul moyen de peser zéro kilo.

3 BONNES RAISONS...

... de nager avec un maillot de bain à la mer :
1) Si tu nages en smoking, ça colle sur les algues.
2) Si tu nages en jupe, ça attire les requins mâles.
3) Si tu nages tout nu, ça offusque les poissons.

C'EST QUOI LE PIRE ?

T'enrouler un serpent autour du cou quand il fait froid
OU porter des gants en crapaud véritable ?

UUH! UUH! UUH!

PAS SI BÊTE !

Un chameau peut-il avoir trois bosses ?

Réponse : Oui, s'il se cogne la tête contre un mur !

TOUTE MIMI MIGNONNE

Un écureuil se gare devant un panneau de stationnement interdit.
Un policier lui dit :
- Dis donc, tu vas avoir une amende !
- Oh, si ça ne vous fait rien, je voudrais plutôt une noisette !

TAKA! TAKA! TAKA!

DEVINETTE

Qu'est-ce qui peut avancer sans changer de place ?

Réponse : Une pendule.

Buzzz

AMUSE TES AMIS

Maman dit à Marc :
– Mon chéri, apporte ces deux œufs à la voisine et dis-lui que je la remercie.
– Oh, ce n'est pas la peine de la remercier, elle me dira : « Y a pas de quoi ».

!!

CARAMBAR INFO

Vrai ou faux ? Le pouce est le doigt que nous sollicitons le plus.

Réponse : Faux. C'est l'index, que nous utilisons, par exemple, pour nous curer le nez !

CHARADE

Mon premier est un point d'eau.
Mon deuxième est un pronom personnel.
Mon troisième est un garçon d'écurie.
Mon tout se fait avec des fruits.

Réponse : MARMELADE (Mare-Me-Lad).

MONSIEUR ET MADAME

Monsieur et Madame Ate ont deux fils.
Comment les appellent-ils ?

Réponse : Pat et Tom, car patate et tomate !

C'EST QUOI LE PIRE ?

Avoir une main géante
OU avoir deux moitiés de visage différentes ?

TU DEVINERAS JAMAIS !

Comment peut-on écrire vert avec un stylo bleu ou noir ?

Réponse : Ben, « vert » !

HAHAHA !

AMUSE TES AMIS

Le prof de maths rend sa copie à un élève : « Ton devoir vaut 13 mais je t'ai mis 12 pour ne pas te porter malheur... »

Y EN A LÀ-DEDANS !

Pourquoi les Indiens mettent-ils tout leur argent en Bourse ?

Réponse : Parce que ça rapporte des Sioux !

IIIAH!

C'EST QUOI LE PIRE ?

Prendre des cours de karaté avec ta grand-mère
OU prendre des cours de danse avec ton père ?

PAS D'BOL

Quel est le point commun entre un gendarme et une Cocotte-Minute ?

Réponse : Quand ils sifflent, c'est cuit !

3 BONNES RAISONS...

... de manger avec des baguettes :
1) Ça te fait une bonne excuse pour ne pas manger ta soupe.
2) Elles ne rouillent pas dans le lave-vaisselle.
3) Si tu as un tambour, tu peux faire la majorette au dessert.

CARAMBAR INFO

Vrai ou faux ? On ne trouve la cannelle que dans la ville de Cannes.

Réponse : Faux. La cannelle se trouve dans l'écorce d'un arbre qui pousse dans plusieurs régions du monde.

TU DEVINERAS JAMAIS !

Mon chien n'a pas de nez. Comment sent-il ?

Réponse : Mauvais !

3 BONNES RAISONS...

... de ne pas dormir en chaussettes :

1) Elles vont être plus dures à décoller au réveil.
2) Elles sentiront trop le lendemain.
3) On ne sait jamais, tes pieds pourraient mourir étouffés.

DEVINETTE

Je voyage en restant toujours dans un coin.
Qui suis-je ?

Réponse : Le timbre !

MORT DE RIRE

Pourquoi les Bretons sont-ils tous frères ?

Réponse : Parce qu'ils ont Quimper (qu'un père !).

DEVINETTE

KABOOM

Quel est le comble pour un footballeur ?

Réponse : C'est de n'avoir aucun but dans la vie !

MONSIEUR ET MADAME

Monsieur et Madame Térieur ont deux fils.
Comment les appellent-ils ?

Réponse : Alain et Alex, car à l'intérieur et à l'extérieur !

HAHAHA !

AMUSE TES AMIS

Le petit Alex s'amuse au jardin à enlever un peu de neige avec sa pelle.
C'est alors que la pelouse apparaît, et il s'écrie, tout joyeux :
– Maman, maman, j'ai retrouvé l'été !

3 BONNES RAISONS...

... de tenir la porte aux femmes :
1) Ça fait classe et c'est gratuit.
2) C'est gratuit et ça fait classe.
3) Ça te permet de leur montrer toute l'étendue de ta force physique.

C'EST QUOI LE PIRE ?

Avoir un crâne comme une tête d'allumette
OU avoir des pieds en coton comme les Coton-Tige ?

PAS D'BOL

Toto se lève en pleine nuit. Sa sœur lui dit :
- Toto ! Pas la peine de faire le somnambule, j'ai déjà mangé tous les chocolats !

CHARADE

Mon premier est plus lent que le trot.
Mon deuxième est une petite tumeur.
Mon troisième dure 3 jours.
Mon tout est un pays asiatique.

Réponse : PAKISTAN (Pas-Kyste-An).

C'EST QUOI LE PIRE ?

Écrire un résumé de ta vie sur un billet de train
OU noter les coordonnées de tous tes amis sur un ticket de métro ?

EEYARGH!

DEVINETTE

Comment est mort le capitaine Crochet ?

Réponse : En se grattant le ventre.

SPLAT!

UUH!

3 BONNES RAISONS...

... de ne pas inviter un éléphant à dormir chez soi :
1) Il ronfle trop fort quand il dort.
2) Il reste des heures dans la salle de bains.
3) Il ne te laisse rien à manger au petit déjeuner.

TU DEVINERAS JAMAIS !

Qu'est-ce qui tombe du ciel quand il y a une averse
et qui se termine par IOT ?

Réponse : La pluie, IDIOT !

HIHIHIHIHI !

MORT DE RIRE

Pourquoi le lion rugit-il avant de manger un homme ?

Réponse : Parce qu'un homme averti en vaut deux !

tap tap

DEVINETTE

Quelle ville est remplie d'eau ?

Réponse : Sceaux (seau).

Buzzz

3 BONNES RAISONS...

... de ne pas porter une chaussette trouée :

1) Ce jour-là, on te demandera d'enlever tes chaussures.
2) Ton gros doigt de pied risque de prendre froid.
3) Tu seras obligé de trouer l'autre chaussette pour égaliser.

AMUSE TES AMIS

Son grand-père dit à Toto, pas très courageux :
- Tu sais, sur la Terre, pour arriver, il faut travailler.
Et Toto répond :
- D'accord, papy, alors, moi, quand je serai grand, je serai marin !

CARAMBAR INFO

Vrai ou faux ? Les dents de castor sont si aiguisées que les castors eux-mêmes n'osent pas manger avec.

Réponse : Faux. Mais les Indiens s'en servaient pour en faire des lames de couteaux.

UUH! UUH! UUH!

C'EST QUOI LE PIRE ?

Te déplacer en bondissant comme un crapaud
OU dormir comme les chauves-souris,
la tête en bas ?

TU DEVINERAS JAMAIS !

Pourquoi faut-il épiler les sumos ?

Réponse : Parce qu'il faut savoir les différencier des gorilles.

HOHOHO

MORT DE RIRE

Un grain de maïs demande à un épi :
- T'as pas vu mon copain ?
- Si, il vient juste de se faire embarquer par les poulets !

CARAMBAR INFO

Vrai ou faux ? Les chevaux peuvent s'asseoir en tailleur.

Réponse : Faux. De toute façon, les chevaux ne peuvent pas s'asseoir du tout.

Y EN A LÀ-DEDANS !

Quelle est la différence entre une mouette et un goéland ?

Réponse : La mouette est rapide, alors que le go-est-lent !

DEVINETTE

Qu'est-ce qui ressemble le plus à une moitié d'orange ?

Réponse : L'autre moitié !

HOHOHO

C'EST QUOI LE PIRE ?

Que ta femme t'oblige à aller chez son esthéticienne
OU que ton fils se fasse des masques de beauté tous les matins ?

3 BONNES RAISONS...

... de ne pas faire du vélo sur la table de la cuisine :
1) Tu vas laisser des traces de pneu dans le beurre.
2) Tu risques d'avoir un accident de la circulation avec le pot de moutarde.
3) Tu risques de vraiment déraper dans la purée.

TU DEVINERAS JAMAIS !

HO HO HO

Comment jouer à pile ou face sans pièce de monnaie ?

Réponse : Avec une pince à épiler (ça-est-pile) et une gomme (ça-est-face).

C'EST QUOI LE PIRE ?

Dormir enfermé dans une cage pour perroquet
OU te promener librement dans une réserve de lions ?

HAHAHA !

DEVINETTE

Quelle est la ville préférée des crémiers ?

Réponse : Chantilly.

EEYARGH!

Y EN A LÀ-DEDANS !

Pourquoi un pigeon roux ne doit-il jamais se baigner ?

Réponse : Parce qu'un pigeon roucoule !

MORT DE RIRE

Deux messieurs discutent :
- Et toi, à ta femme, tu lui offres quoi en cadeau ?
- Eh bien, tout simplement, en cas d'eau, je lui offre un parapluie !

3 BONNES RAISONS...

... de ne pas manger avec un bandeau sur les yeux :
1) Tu risques de piocher dans l'assiette de ton voisin.
2) Tu risques de te mettre de la purée dans le nez.
3) Tant que tu y es, pourquoi ne pas te mettre une moufle sur la langue !

DANS LA SÉRIE

C'EST QUOI LE PIRE ?

Frotter tes chaussures noires avec du chocolat fondu
quand tu n'as plus de cirage
OU remplacer tes lacets cassés
par des spaghettis cuits ?

AMUSE TES AMIS

Monsieur Dupond demande à son voisin :
- Comment appelle-t-on
un ascenseur en Chine ?
- Je ne sais pas.
- Bah, tout bêtement en appuyant
sur le bouton !

TU DEVINERAS JAMAIS !

Pourquoi un sportif va-t-il chez le coiffeur après avoir
raté une compétition ?

Réponse : Pour être sûr d'avoir une coupe.

DEVINETTE

Dans quelle ville y a-t-il le plus de meuniers ?

Réponse : Moulins.

ÉLÉMENTAIRE, MON CHER !

La maman de Julien lui demande :
- Si tu as une petite sœur, comment voudrais-tu l'appeler ?
- Ben, par téléphone !

3 BONNES RAISONS...

... de ne pas porter de lunettes si tu n'en as pas besoin :
1) Tu risques de te cogner en allant au tableau.
2) Une fois chez toi, tu ne reconnaîtras plus ta mère.
3) La maîtresse te fera asseoir au premier rang.

3 BONNES RAISONS...

... de ne pas prendre ta voiture pour aller dans la salle de bains :
1) Ta douche ne distribue pas d'essence.
2) Ça empeste assez comme ça avec ton eau de toilette.
3) La place de parking est déjà prise par la baignoire.

TU DEVINERAS JAMAIS !

Quelle boisson peut devenir acteur de cinéma ?

Réponse : Le lait, parce qu'il peut tourner !

BUZZZ

C'EST QUOI LE PIRE ?

Écrire une lettre avec un cornichon trempé dans de la moutarde OU faire un dessin avec une carotte imprégnée de jus de fraise ?

PAS D'BOL

- J'ai deux nouvelles à t'annoncer !
- Commence par la bonne.
- Non, non, ce sont deux mauvaises... !

HAHAHA !
HAHAHA !
HAHAHA !

DEVINETTE

Comment appelle-t-on un Indien dans l'eau ?

Réponse : Un Sioux-marin.

BRAK!
BRAK!
BRAK!

DEVINETTE

Pourquoi, à Prague, les boîtes aux lettres sont-elles sur des poteaux à deux mètres de haut ?

Réponse : Parce que les Tchèques postent haut (chèques postaux).

C'EST QUOI LE PIRE ?

Manger un poulet au chocolat en plat
OU un yaourt aux rillettes au dessert ?

AMUSE TES AMIS

On ne dit pas « dégât des eaux » mais « des marins ».

SANS QUEUE NI TÊTE

Comment ramasse-t-on la papaye ?

Réponse : Avec une fou-fourche !

AMUSE TES AMIS

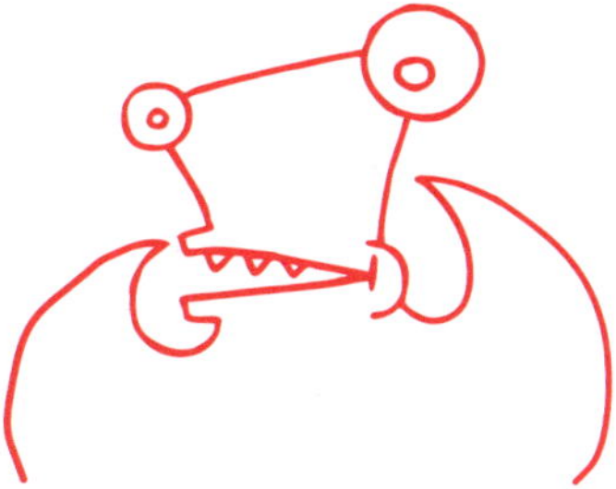

- Les gens devraient tout le temps dormir la fenêtre ouverte.
- Pourquoi, vous êtes médecin ?
- Non, je suis cambrioleur.

3 BONNES RAISONS...

... de ne pas faire du cheval sur ton chien :
1) Il ne croira jamais que tu es un cow-boy.
2) Il est difficile de galoper avec une laisse.
3) Personne ne dit : « Je me ferais bien une balade à chien. »

Buzzz

Dans la série

MWAHAHAH !

MWAHAHAH !

MORT DE RIRE

Comment appelle-t-on un chien sans pattes ?

Réponse : On ne l'appelle pas, on va le chercher !

MWAHAHAH !

TU DEVINERAS JAMAIS !

Avec quoi peut-on se balader tout nu dans la rue sans se faire repérer ?

Réponse : Avec un stylo dans la main parce que le stylo à bille (habille).

C'EST QUOI LE PIRE ?

Que ton père se fasse un piercing sur la langue
OU que ta mère se fasse tatouer un aigle dans le dos ?

CARAMBAR INFO

Vrai ou faux ? Les astronautes disent que, sur la Lune, on a l'impression de marcher sur des gâteaux secs.

Réponse : Faux. D'après eux, le sol y est poudreux comme de la neige.

3 BONNES RAISONS...

... de ne pas se raser pendant huit jours :
1) On peut cajoler un hérisson en le frottant contre sa joue.
2) On peut décaper les murs avec son menton.
3) On peut râper du gruyère pour les pâtes.

ÉLÉMENTAIRE, MON CHER !

Pourquoi Toto tourne-t-il autour de son école ?

Réponse : Pour poursuivre ses études !

HOHOHO

CARAMBAR INFO

Vrai ou faux ? En australien, « Willy Willy » veut dire « Voilà voilà ».

Réponse : Faux. « Willy Willy » veut dire « ouragan ».

cap tap

3 BONNES RAISONS...

... d'ouvrir les bocaux de cornichons pour sa femme :

1) C'est un travail de vrai spécialiste.
2) Pendant ce temps-là, elle ne te traite pas de cornichon.
3) Pour lui montrer que tu sais participer aux travaux domestiques.

AMUSE TES AMIS

Deux petits moineaux sont perchés sur un fil télégraphique.
Tout à coup, l'un deux fait :
- Hi ! Hi ! Hi ! Hi !
- Qu'est-ce qui t'arrive ? Je n'ai rien de drôle !
- Mais non, c'est un télégramme qui me chatouille.

DEVINETTE

Que dit un policier quand il arrête un citron ?

Réponse : Plus un zeste !

C'EST QUOI LE PIRE ?

Marcher dans la rue avec des peaux de banane
à la place des chaussures
OU grimper le long d'une falaise avec les mains huilées ?

CARAMBAR INFO

Vrai ou faux ? Boire de l'urine de léopard favorise la guérison des maux de gorge ?

Réponse : Vrai. Encore faut-il avoir un léopard sous la main quand on a une angine.

3 BONNES RAISONS...

... de ne pas rêver que tu fais du sport :
1) Tu seras très fatigué au réveil.
2) Tu risques d'inonder ton lit avec ta transpiration.
3) Tu ne seras pas plus musclé pour autant.

MWAHAHAH !

TU DEVINERAS JAMAIS !

Connaissez-vous la blague de la chaise ?

Réponse : Elle est pliante.

DEVINETTE

Deux moutons, Babi et Baba, sont sur un bateau.
Baba tombe à l'eau. Que se passe-t-il ?

Réponse : Baba coule et Babi bêle.

SANS QUEUE NI TÊTE

Toto demande à sa mère :
- Je peux jouer du piano ?
- D'abord, lave-toi les mains !
- Pas la peine, je ne jouerai que sur les touches noires !

MORT DE RIRE

Dans la rue, deux ballons se rencontrent et se bousculent :
- T'es gonflé ! dit le premier.
- Et toi tu ne manques pas d'air ! répond le second.

DEVINETTE

tap tap

Quel est le comble pour un avion ?

Réponse : C'est d'avoir un antivol !

C'EST QUOI LE PIRE ?

Courir avec trois kilos de pommes de terre dans le ventre OU plonger dans une piscine de purée chaude ?

EEYARG!!

3 BONNES RAISONS...

... de ne pas donner un nom débile à son chien :

1) Lorsque tu vas l'appeler dans la rue, c'est toi qui auras l'air débile.
2) Une vraie blague ne dure pas toute une vie de chien.
3) Il aura honte de dire son nom aux passants.

AMUSE TES AMIS

Au cours d'une corrida, un torero tombe.
Le taureau fonce sur lui, s'arrête et lui dit :
- Et maintenant, si je voulais être vache...

SANS QUEUE NI TÊTE

Quel est l'animal le plus utile dans le désert ?

Réponse : Le zébu, car quand zébu, zébu soif !

DEVINETTE

Quel est le comble de l'électricien ?

Réponse : Ne pas être au courant ou avoir des ampoules aux mains.

3 BONNES RAISONS...

... de ne pas se faire une perruque avec des pâtes :
1) Essaye plutôt la choucroute, ça, c'est la classe.
2) Tout le monde te demandera :
« Toi, t'as changé un truc avec tes cheveux, non ? »
3) Quand ça refroidit, ça colle aux cheveux.

TU DEVINERAS JAMAIS !

Quelles sont les lettres que l'on boit au petit déjeuner ?

Réponse : T et KKO.

Y EN A LÀ-DEDANS !

Comment fait-on pour arrêter un train d'une seule main ?

Réponse : On tire le signal d'alarme !

PAS SI BÊTE !

Une mouche rencontre une araignée. L'araignée lui dit :
- Veux-tu que je t'apprenne à tisser ?
- Non, merci, répond la mouche, je préfère filer !

Buzzz Buzzz Buzzz

ÉLÉMENTAIRE, MON CHER !

Pourquoi les Indiens sont-ils nus ?

Réponse : Parce que Christophe Colomb les a découverts !

UUH!

CARAMBAR INFO

Vrai ou faux ? La toute première star animale de l'histoire du cinéma était un castor en string.

Réponse : Faux. C'était un chien à poil.

MWAHAHAHAH !

TU DEVINERAS JAMAIS !

Qu'est-ce que l'on met sur la table, que l'on coupe, que l'on sert et que l'on ne mange pas ?

Réponse : Un jeu de cartes.

IIAH !

C'EST QUOI LE PIRE ?

Te baigner dans une piscine de beurre fondu OU te doucher avec de l'huile d'olive ?

AMUSE TES AMIS

Deux citrons attendent à un passage piétons. L'un dit :
- Tu connais la dernière ?
L'autre :
- Au secours, un citron qui parle !

3 BONNES RAISONS...

... de ne pas montrer ses muscles à tout le monde :
1) On est toujours moins fort qu'on ne croit.
2) Y a que ta mère qui risque d'être impressionnée.
3) Après, on va te dire : « Ben toi qui es si fort, t'as qu'à descendre les poubelles. »

CRAK!

DEVINETTE

Quel est l'animal le plus léger ?

Réponse : La palourde.

WHACK!

3 BONNES RAISONS...

... de ne pas emmener ton hamster dans le métro :
1) Les usagers pourraient le prendre pour un rat nain.
2) Il n'a pas assez de force pour pousser le portillon.
3) Il n'a pas nécessairement sa carte Orange sur lui.

IIIAH! IIIAH!

C'EST QUOI LE PIRE ?

Aller à l'école en slip
OU se baigner dans la piscine avec un bonnet de laine ?

DEVINETTE

Que dit un escargot quand il croise une limace ?

Réponse : Oh ! Un naturiste !

ÉLÉMENTAIRE, MON CHER !

À quoi reconnaît-on un fou qui va être posté à l'asile ?

Réponse : Il est timbré !

TOUTE MIMI MIGNONNE

Une nuit, un bébé hérisson se perd dans le désert.
Soudain, il se heurte à un cactus et s'écrie : « Maman ! »

CARAMBAR INFO

Vrai ou faux ? Le chat a autant de griffes que l'homme a d'ongles.

Réponse : Faux. Il n'a que dix-huit griffes, mais elles sont nettement plus efficaces pour ruiner un canapé.

tap tap

AMUSE TES AMIS

Deux somnambules se rencontrent sur un toit.
L'un d'eux a un livre à la main.
- Que lisez-vous, cher confrère ?
- Oh ! Une histoire à dormir debout !

Y EN A LÀ-DEDANS !

Que dit un vitrier à son fils pour qu'il soit sage ?

Réponse : « Tiens-toi à carreau si tu veux une glace ! »

HA HA HA HA HA HA

3 BONNES RAISONS...

... de nettoyer régulièrement ses lunettes :
1) Pour ne pas parler à des gens que tu ne connais pas.
2) Pour que tes lunettes ne sentent pas la transpiration sous les branches.
3) Pour prendre un air sérieux lorsque tu les essuies.

MORT DE RIRE

Un homme entre dans un café, et plouf !

MONSIEUR ET MADAME

Monsieur et Madame Delune ont une fille.
Comment s'appelle-t-elle ?

Réponse : Claire (clair de lune).

TU DEVINERAS JAMAIS !

Pourquoi les imbéciles nagent-ils toujours au fond de la mer ?

Réponse : Parce que, dans le fond, ils ne sont pas si bêtes.

C'EST QUOI LE PIRE ?

Qu'on t'aime seulement pour ton parfum
OU qu'on te quitte pour tes fringues ?

Hi Hi Hi Hi Hi Hi Hi Hi Hi Hi Hi Hi

3 BONNES RAISONS...

... de ne pas rester longtemps sous un arbre en été :
1) En langage d'oiseaux, « arbre » veut dire « toilettes ».
2) On bronze mal entre les branches.
3) Des cerises écrasées sur le pantalon, ce n'est pas terrible.

DEVINETTE

Que font deux plantes qui se rencontrent ?

Réponse : Elles vont boire un pot.

IIIAH !

CARAMBAR INFO

Vrai ou faux ? Les chiens de traîneau ne se grattent jamais.

Réponse : Vrai, car il n'y a pas de puces dans l'Arctique.

HAHAHA !
HAHAHA !
HAHAHA !

MORT DE RIRE

Un Esquimau sort en courant d'un cinéma.
- Où allez-vous ? demande l'ouvreuse.
- Chez moi ! Je ne veux pas me faire manger à l'entracte !

BOOOM

DEVINETTE

Qu'est-ce qui tourne la tête avant de pleurer ?

Réponse : Le robinet.

HiHiHi

Ho Ho Ho !

3 BONNES RAISONS...

... de couper ta viande avec un couteau :

1) Avec une fourchette, tu ne feras que des trous.
2) Avec des baguettes, tu devras la manger d'un seul coup.
3) Avec une cuiller, tu devras attendre qu'elle fonde.

AMUSE TES AMIS

Un fou tape un morceau de pain contre le mur.
- Mais enfin, qu'est-ce que vous faites ? lui demande un passant.
- Vous voyez bien que je casse la croûte !

MORT DE RIRE

Deux squelettes discutent en haut de la tour Eiffel.
- On saute ?
- Eh, ça ne va pas, je tiens à ma peau, moi !

SPLAT! SPLAT!

DEVINETTE

SPLAT!

Qu'est-ce qui est vert, qui monte et qui descend ?

Réponse : Un marin qui a le mal de mer.

3 BONNES RAISONS...

... de devenir gardien de zoo :
1) Tu deviendras malin comme un singe.
2) Tu auras une mémoire d'éléphant.
3) Tu pourras rencontrer une jolie gazelle.

C'EST QUOI LE PIRE ?

Affronter ton prof de maths au catch
OU affronter ton prof de gym aux échecs ?

Y EN A LÀ-DEDANS !

Quel est l'aliment le plus intelligent ?

Réponse : le riz incollable !

IIIAH!

AMUSE TES AMIS

La maîtresse demande à Toto :
- Toto, dis-moi deux pronoms.
- Qui ? Moi ?
- Bravo, Toto, c'est très bien !

TU DEVINERAS JAMAIS !

Pourquoi faut-il toujours aller aux toilettes avec une arme ?

Réponse : Parce que c'est le moyen le plus sûr pour chasser les mauvaises odeurs.

EEYARGH!

AMUSE TES AMIS

- Monsieur, savez-vous que votre chien aboie toute la nuit ?
- Oh ! Ça n'a aucune importance, il dort toute la journée.

Y EN A LÀ-DEDANS !

Quelle est la différence entre une couturière et un Anglais ?

Réponse : La couturière s'pique le doigt, et l'Anglais speaks English !

3 BONNES RAISONS...

... de ne pas jouer au foot dans la cuisine :
1) C'est dur de mettre un but entre le frigo et l'évier.
2) les cerises du papier peint ne sont pas des spectateurs déchaînés.
3) Ton chien ne sait pas faire l'arbitre.

DEVINETTE

Quelle est la ville la plus proche de la mer ?

Réponse : Bordeaux (bord d'eau)

C'EST QUOI LE PIRE ?

Jouer au foot avec un escargot
OU faire du vélo avec un serpent ?

CHARADE

Mon premier m'est donné en plus de mon salaire.
Mon deuxième se casse facilement.
Mon tout fleurit au début du printemps.

Réponse : PRIMEVÈRE (Prime-verre).

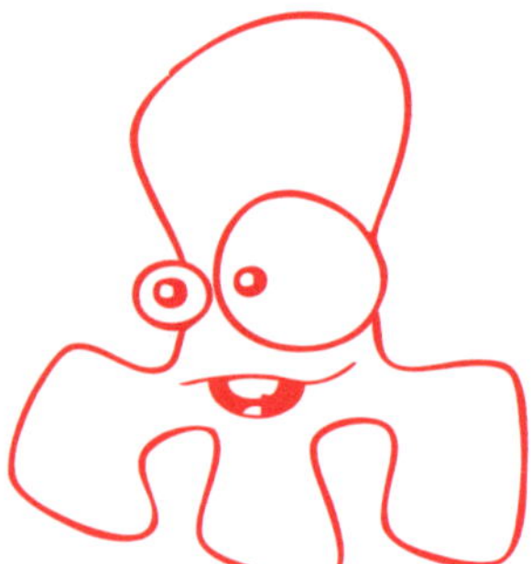

AMUSE TES AMIS

Un Martien part en voyage, sa femme l'interroge :
- Tu ne prends pas ta soucoupe ?
- Non, je ne suis pas dans mon assiette.

HOHOHO

DEVINETTE

tap tap

Que dit un oignon qui croise un saule pleureur ?

Réponse : J'espère que c'est pas ma faute !

MONSIEUR ET MADAME

Monsieur et Madame Némard ont un fils.
Comment l'appellent-ils ?

Réponse : Jean (J'en ai marre).

3 BONNES RAISONS...

... de ne pas retirer ses chaussures en classe :
1) Si tu es appelé au tableau, bonjour la honte !
2) Il y aura toujours un petit malin pour te les cacher.
3) L'odeur de tes chaussettes peut nuire
au bon déroulement du cours.

DEVINETTE

J'ai un chapeau, un pied mais je n'ai pas de tête et je ne marche pas. Qui suis-je ?

Réponse : Un champignon.

C'EST QUOI LE PIRE ?

Voyager de nuit dans un train avec des personnes qui ronflent
OU prendre l'avion avec quelqu'un d'ennuyeux qui te raconte sa vie ?

3 BONNES RAISONS...

.. de se scotcher la bouche :

1) Ça t'évite de crier sur ceux qui t'énervent.
2) Ça t'évite de parler pour ne rien dire.
3) Ça te permet de manger moins si tu fais un régime.

AMUSE TES AMIS

Un représentant sonne à la porte d'une maison et c'est Toto, dix ans, qui ouvre la porte, un cigare à la bouche et une cannette de bière à la main :

- Bonjour, mon petit. Est-ce que ta maman est là ?
- Devinez !

DEVINETTE

Quel bruit font les Esquimaux quand ils boivent leur chocolat chaud ?

Réponse : Igloo, igloo, igloo !

3 BONNES RAISONS...

... de se laver les dents :
1) Tu oseras sourire.
2) C'est trois fois deux minutes pour sentir bon toute la journée.
3) Ça te permet de rencontrer les gens autrement que par téléphone.

DEVINETTE

Qu'est-ce qu'un taureau avec un sac à main ?

Réponse : Une vache folle !

AMUSE TES AMIS

Marion fait réviser sa géographie à Thomas, qui lui demande :
- Pourquoi les fleuves ne débordent-ils jamais de la mer ?
- Parce que, dans la mer, il y a des éponges.

C'EST QUOI LE PIRE ?

Sentir l'odeur d'un plat que tu adores sans même pouvoir y goûter.
OU être obligé de manger un plat que tu détestes ?

CARAMBAR INFO

Vrai ou faux ? Les vaches peuvent descendre des escaliers, mais pas les monter.

Réponse : Vrai. C'est sans doute pour ça que les étables sont toujours au rez-de-chaussée.

C'EST QUOI LE PIRE ?

Avoir la braguette de ton pantalon qui s'ouvre à heures fixes
OU défaire la ceinture de ton pantalon en tapant un code à dix chiffres ?

MONSIEUR ET MADAME

Monsieur et Madame Scroutdanmonsac ont une fille. Comment l'appellent-ils ?

Réponse : Jessica, car j'ai six casse-croûte dans mon sac !

HAHAHA !

CARAMBAR INFO

Vrai ou faux ? Les rats comprennent mieux l'anglais que les chameaux.

Réponse : Faux, mais les rats peuvent tenir plus longtemps sans eau que ces derniers !

3 BONNES RAISONS...

... de ne pas raconter plusieurs fois la même blague à tes amis :
1) S'ils ne rient pas la première fois, ils ne riront pas après.
2) S'ils n'ont toujours pas ri la dixième fois, tu n'es pas drôle, mais tu as de vrais amis.
3) Si tu continues, tu n'auras plus d'amis.

AMUSE TES AMIS

Un voleur met un pistolet sur la nuque d'un passant :
- La bourse ou la vie !
- Je ne suis pas très fort en devinettes, alors je dirais : la vie !

DANS LA SÉRIE

TU DEVINERAS JAMAIS !

Pourquoi certaines souris s'attaquent-elles à des éléphants ?

Réponse : Parce qu'elles ont oublié leurs lunettes.

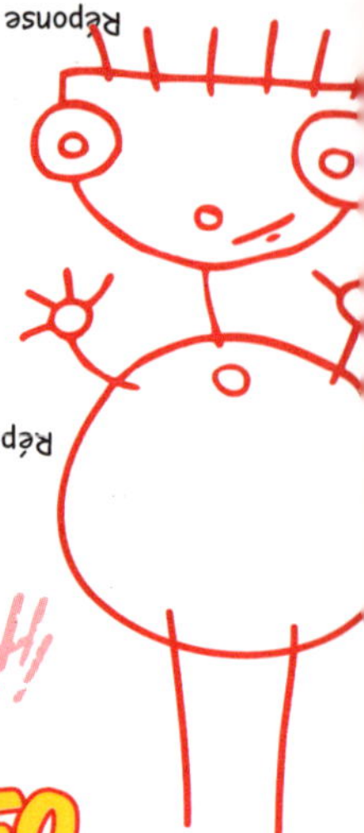

DEVINETTE

Que mangent les extraterrestres au petit déjeuner ?

Réponse : Des croissants de Lune.

EEYARGH! EEYARGH! EEYARGH!

CARAMBAR INFO

Vrai ou faux ? Il y a plus de vaches américaines que d'Américains tout court.

Réponse : Vrai, mais elles ne parlent pas bien l'anglais.

3 BONNES RAISONS...

... d'avoir quatre roues à ta voiture :

1) Avec trois roues, elle risque de ressembler à un tracteur.
2) Avec deux roues, elle risque de ressembler à une moto.
3) Avec une roue, elle risque de ressembler à une épave.

DEVINETTE

Qu'est-ce qu'une insulte ?

Réponse : C'est une ligne droite, c'est-à-dire le plus court chemin d'un poing à un autre.

DEVINETTE

Qu'est-ce qu'un voleur prend toujours en dernier ?

Réponse : La fuite.

VROOOOOM!

C'EST QUOI LE PIRE ?

Que tout le monde te dise que tu ressembles à ta mère
OU que ton frère fasse plus jeune que toi ?

Hi Hi Hi Hi Hi Hi

3 BONNES RAISONS...

... de ne pas faire le cow-boy à l'école :
1) Le prof ne va pas te reconnaître avec ton chapeau.
2) Tu n'as pas le droit de jouer avec ton lasso pendant les cours.
3) Tu ne pourras pas garer ton cheval dans la cour.

AMUSE TES AMIS

C'est l'histoire de deux pommes de terre qui rentrent de l'école. Soudain, sur la route, la plus jeune se fait rouler dessus, et la plus vieille s'exclame : « Purée ! ».

DEVINETTE

Celui de Brad Pitt est court, celui d'Arnold Schwarzenegger est long et Madonna n'en a pas. De quoi s'agit-il ?

Réponse : Du nom de famille.

IIIAH!

TOUTE MIMI MIGNONNE

C'est le comble, maman, chaque fois que tu es fatiguée, c'est moi que tu envoies au lit !

DANS LA SÉRIE

3 BONNES RAISONS...

... de ne pas lire un livre au fond de la mer :
1) Ce n'est pas très pratique pour tourner les pages.
2) C'est dur de tenir sa respiration après le premier chapitre.
3) Y a pas de prise pour brancher ta lampe de lecture.

DEVINETTE

Quel est le comble pour un menuisier ?

Réponse : C'est d'être payé avec un chèque en bois.

TU DEVINERAS JAMAIS !

UUH!

Pourquoi ne peut-on pas faire de ski alpin dans la mer ?

Réponse : Parce qu'elle n'est pas en pente.

C'EST QUOI LE PIRE ?

Qu'au bureau, tout le monde ait le droit de s'habiller en short sauf toi OU que ta femme t'oblige à mettre un smoking à la maison ?

AAAGH!

CARAMBAR INFO

Vrai ou faux ? *Levator superioris aleaque nasi* est un proverbe latin qui veut dire : « Le monde appartient à ceux qui se lèvent tôt ».

Réponse : Faux. En réalité, ce n'est pas une expression, mais le muscle que l'on utilise pour sourire.

IIIAH!

3 BONNES RAISONS...

... de faire son footing matinal dans sa chambre :
1) Tu ne te colles pas des feuilles mortes aux semelles.
2) Tu arrives plus vite à destination.
3) Tu es plus près de la douche quand c'est fini.

DEVINETTE

Qu'est-ce qui est le plus dur quand on apprend à patiner ?

Réponse : La glace !

CARAMBAR INFO

Vrai ou faux ? Au Moyen Âge, on disait qu'avoir des fourmis chez soi portait chance.

Réponse : Vrai. Et avoir des mouches sur soi indiquait qu'on avait besoin de prendre un bon bain.

AMUSE TES AMIS

Alexandre a la grippe. Quand le docteur a fini de l'examiner, il lui demande :

– Docteur, je vous promets d'être courageux, alors dites-moi la vérité : quand dois-je retourner à l'école ?

TU DEVINERAS JAMAIS !

Pourquoi Claire et Louis sont-ils toujours ensemble ?

Réponse : Parce que, s'ils se séparaient, Louis ne verrait plus Claire (clair) et claire perdrait Louis (l'ouïe).

TU DEVINERAS JAMAIS !

Pourquoi faudrait-il mettre un pyjama quand on fait de la moto ?

Réponse : Pour pouvoir se coucher dans les virages.

C'EST QUOI LE PIRE ?

Marcher au soleil avec des nougats collés aux chaussures
OU te retrouver sous la pluie avec un anorak en barbe à papa ?

HA HA HA HA HA HA

3 BONNES RAISONS...

... de ne pas tirer la tronche dans le bus :
1) Pour ne pas avoir la même tête que les autres voyageurs.
2) Pour que les autres se demandent pourquoi tu souris.
3) Pour que les autres se demandent pourquoi ils tirent la tronche.

AMUSE TES AMIS

Deux chauves-souris ont décidé d'aller au cirque. La première reste stupéfaite en voyant un éléphant tenir en équilibre, sur un œuf. « Chiqué, dit la seconde, je te parie que l'œuf est dur ! »

TU DEVINERAS JAMAIS !

Pourquoi faut-il faire rire quelqu'un à l'esprit lent le vendredi soir ?

Réponse : Parce qu'il ne comprendra la blague que le lundi matin.

3 BONNES RAISONS...

... de se parfumer :
1) Tu sens bon même en descendant les poubelles.
2) Tu peux faire croire que c'est ton odeur naturelle.
3) Tu te feras aimer de ceux qui ne peuvent pas te sentir.

AMUSE TES AMIS

Conversation entre deux molaires :
- Voulez-vous que nous sortions ensemble ce soir ?
- Impossible, j'ai un bridge.

DEVINETTE

Quelle est la ville le plus géométrique ?

Réponse : Carhaix (carré).

Buzzz Buzzz Buzzz

C'EST QUOI LE PIRE ?

Avoir deux mouches qui te tournent autour comme autour d'une vache dans un pré OU que personne ne t'approche parce que tu es trop vache ?

Buzzz Buzzz

CARAMBAR INFO

Vrai ou faux ? La Terre ne s'est jamais promenée toute nue.

Réponse : Vrai. Elle est en permanence à moitié recouverte par des nuages.

3 BONNES RAISONS...

... de ne pas boire dans le biberon de ta petite sœur :
1) Si elle a bavé sur la tétine, ça va te couper l'appétit.
2) Ta maman risque de te parler comme si tu étais un bébé.
3) Sais-tu ce qu'il y a vraiment dans un biberon ?

CARAMBAR INFO

Vrai ou faux ? La mer Rouge s'appelle ainsi parce que l'on trouve de la sauce tomate dans ses profondeurs.

Réponse : Faux, mais c'est par contre la mer la plus chaude au monde.

TU DEVINERAS JAMAIS !

Qu'est-ce qui est jaune, chaud et pas très net ?

Réponse : Des œufs brouillés.

DEVINETTE

Quel est le comble du gendarme ?

Réponse : Arrêter tous les oiseaux qui volent.

C'EST QUOI LE PIRE ?

Être habillé toute la vie comme un bébé de six mois OU être habillé tout le temps comme un grand-père de quatre-vingts ans ?

DANS LA SÉRIE

TU DEVINERAS JAMAIS !

Quelle est la différence entre un imbécile et sa photo ?

Réponse : Sa photo est développée.

AMUSE TES AMIS

Dans un journal, un gars lit : « À New York, un homme est écrasé toutes les heures. » Alors, compatissant, le gars dit :
- Le pauvre type...

3 BONNES RAISONS...

... de ne pas détester les chats :
1) Tu n'auras pas plus d'amis chiens pour autant.
2) Ils te défendront gratos si une souris t'attaque.
3) Quand ils dorment sur ton ventre en hiver, tu es quand même bien content.

C'EST QUOI LE PIRE ?

Que tout ce que tu manges ait le goût du café
OU que tout ce que tu bois ait le goût du rosbif ?

3 BONNES RAISONS...

... de ne pas vouloir être le Père Noël :

1) Tu es trop petit pour porter la barbe.
2) Tu n'as pas ton permis pour conduire des rennes.
3) Tu ne pourras pas t'empêcher de garder les cadeaux pour toi.

HAHAHA !

Y EN A LÀ-DEDANS !

Qu'est-ce qui fait le tour d'une maison sans changer de place ?

Réponse : La gouttière !

3 BONNES RAISONS...

... de ne pas manger dans la gamelle du chien :

1) Ton chien ne saura plus où aller.
2) Parce que toi, tu connais la composition de sa pâtée.
3) Tu vas devoir donner la main-main pour avoir du dessert

MONSIEUR ET MADAME

Monsieur et Madame Nanas ont un fils ? Comment l'appellent-ils ?

Réponse : Judas (jus d'ananas).

C'EST QUOI LE PIRE ?

Sentir le poisson
OU que tout le monde autour de toi sente le poisson ?

TU DEVINERAS JAMAIS !

Que faut-il être pour conduire des pneus crevés ?

Réponse : Gonflé.

EEYARGH! EEYARGH! EEYARGH!

AMUSE TES AMIS

Deux vers luisants se promènent et passent près d'un troisième ver luisant :

- Il travaille très tard pour préparer ses examens, dit l'un.
- Comment le sais-tu ?
- Il y a encore de la lumière chez lui !

CARAMBAR INFO

Vrai ou faux ? Les éléphants et les humains sont les seuls êtres vivants à pouvoir faire le poirier.

Réponse : Vrai, heureusement que les éléphants n'ont pas de gym à l'école !

CRAK!

DEVINETTE

Quelle est la ville la plus royaliste ?

Réponse : Rennes (reine).

AMUSE TES AMIS

Un monsieur revient de la pêche. On lui demande :
- Qu'avez-vous attrapé ?
- Un gros rhume.

3 BONNES RAISONS...

... de ne pas faire du catch avec un gorille :
1) Tu ne pourras pas t'agripper à son maillot car il n'en a pas.
2) Tu glisseras sur des peaux de banane pendant le combat.
3) Il peut utiliser l'arbitre pour te taper dessus.

DEVINETTE

Quelle différence y a-t-il entre un imprimeur, un maître d'école et un valet de chambre ?

Réponse : L'imprimeur fait les affiches, les maîtres les collent (l'école), et le valet de chambre les lit (les lits).

AMUSE TES AMIS

- À tous nos rendez-vous, il m'offre des fleurs fanées !
- Eh bien, essaie d'arriver à l'heure.

TU DEVINERAS JAMAIS !

Que représente un sous-marin pour des sardines ?

Réponse : Des hommes en conserve.

3 BONNES RAISONS...

... de ne pas se maquiller la bouche avec un feutre rouge :

1) Ça pourrait déborder sur le nez.
2) Tu mettras trois jours à te nettoyer les lèvres.
3) Ce n'est pas comme ça que tu vas ressembler à ta mère.

C'EST QUOI LE PIRE ?

Que ta secrétaire te donne des ordres toute la journée
OU que ton patron te demande tout le temps ce qu'il doit faire ?

TU DEVINERAS JAMAIS !

Quel est le poisson préféré des zèbres ?

Réponse : La raie.

AMUSE TES AMIS

Thomas vient de souhaiter bonne fête à son père, celui-ci s'écrie :
- Mon plus beau cadeau serait que tu sois le premier en classe.
- Trop tard, répond Thomas. Je t'ai déjà acheté une cravate.

CARAMBAR INFO

Vrai ou faux ? Pour qu'un bébé alligator sorte de son œuf, il faut lui chanter quelque chose en italien.

Réponse : Faux. Il faut lui grogner dessus.

AMUSE TES AMIS

Deux petites filles discutent :
- Avec quelle main tu dessines à l'école ?
- Avec la mienne !

C'EST QUOI LE PIRE ?

Aller à l'école en slip
OU dormir habillé avec tous les vêtements de ton placard ?

AMUSE TES AMIS

Un bouc, très huppé, entre dans une parfumerie et demande :
- S'il vous plaît, qu'avez-vous comme after-chèvre ?

3 BONNES RAISONS...

... de ne pas jouer au Frisbee avec une pizza :

1) Les tomates et les olives ne le supporteront pas.
2) Même bien dressé, ton chien risque de la manger.
3) Une pizza vole moins bien qu'un avion, sinon on voyagerait en pizza.

DEVINETTE

Quelle est la différence entre un réveil et un voleur ?

Réponse : Le réveil fait tic-tac et le voleur a une tactique.

AMUSE TES AMIS

Éléphant et souris sont dans le désert. La souris demande :
- Eh, ça te fait rien que je marche dans ton ombre pour une petite demi-heure ? On pourra changer, après...

DEVINETTE

UUH!

Quel point commun y a-t-il entre un pêcheur et un piano ?

Réponse : Ils ont tous les deux des touches.

ÉLÉMENTAIRE, MON CHER !

La maîtresse demande à Julien :
- Pourquoi Charlemagne a-t-il inventé l'école ?
- Parce qu'il ne risquait plus rien, il était trop vieux pour y aller !

UUH! UUH! UUH!

3 BONNES RAISONS...

... de ne pas arrêter un ascenseur à tous les étages :
1) Ce n'est pas un gag génial. Il y a mieux !
2) Tu vas te faire beaucoup d'ennemis dans l'immeuble.
3) Si c'est pour que ton ascenseur fasse du sport, fais-lui plutôt prendre l'escalier.

C'EST QUOI LE PIRE ?

Devoir porter de véritables chaussons aux pommes
OU être frappé de plein fouet par un éclair au chocolat ?

DEVINETTE

Monter et descendre est mon lot quotidien. Lorsqu'il fait froid, je deviens tout petit mais, quand il fait chaud, je m'étire. Qui suis-je ?

Réponse : Le mercure du thermomètre.

TU DEVINERAS JAMAIS !

Quel oiseau sait imiter à la perfection un coup de pistolet ?

Réponse : Le paon (pan !).

3 BONNES RAISONS...

... de ne pas sentir mauvais :
1) Les mouches pourraient s'intéresser à toi.
2) Tu auras toujours quinze mètres de distance avec tes meilleurs amis.
3) On risque de te confondre avec une poubelle.

DEVINETTE

Comment dit-on en anglais : « Ma belle-mère ne vient pas manger ce soir ? »

Réponse : Yessssssssssssss !

TU DEVINERAS JAMAIS !

Pourquoi un ordinateur se gratte-t-il souvent ?

Réponse : Parce qu'il a plein de puces.

C'EST QUOI LE PIRE ?

Te laver avec de la bave de crapaud
OU te frotter avec la peau d'un hérisson ?

IIIAH !

AMUSE TES AMIS

Qu'est-ce qui a trois jambes, mille bras, sept têtes et quarante-neuf mains ?

Réponse : Un gros menteur !

HAHAHA !

DEVINETTE

Quel est le sport le plus fruité ?

Réponse : La boxe car, lorsqu'on te met une pêche dans la poire, tu tombes dans les pommes et tu n'as pas intérêt à ramener ta fraise.

IIIAH !

DANS LA SÉRIE

C'EST QUOI LE PIRE ?

Jouer au Frisbee avec le DVD de ton film fétiche
OU utiliser ton CD préféré comme dessous-de-verre ?

EEYARGH!

AMUSE TES AMIS

Dans une équipe de foot, l'entraîneur dit à un joueur :
- Aujourd'hui, tu vas jouer avant.
- Ah, non ! Moi, je veux jouer avec les autres !

BUZZZ

3 BONNES RAISONS...

... de ne pas vouloir être un chat :
1) Ce n'est pas pratique de se laver le dos avec la langue.
2) Tu aurais peur des chiens.
3) La nourriture pour chats, ça donne envie de vomir.

CARAMBAR INFO

Vrai ou faux ? Les fourmis partagent tout en groupe, même leur cerveau.

Réponse : Faux. Bien au contraire : de tous les animaux, c'est celui qui a le plus gros cerveau par rapport à son corps.

3 BONNES RAISONS...

... de ne pas demander du pain dans un restaurant chinois :
1) On t'a déjà donné deux baguettes.
2) On ne peut pas saucer du riz cantonais.
3) De toute façon, même si tu en demandes, tu n'en auras pas.

MWAHAHAH!

TU DEVINERAS JAMAIS !

Que fait un fou un soir de gros orage ?

Réponse : il se met au balcon pour être sur la photo.

AMUSE TES AMIS

- Notre fils est né hier.
- Ah ! Et comment s'appelle-t-il ?
- On ne sait pas, il ne parle pas encore.

CARAMBAR INFO

Vrai ou faux ? Les pigeons parisiens se nourrissent exclusivement de crottes de chien.

Réponse : Faux. Et les chiens de Paris ne se nourrissent pas de crottes de pigeon. Sauf peut-être un petit creux vers quatre heures...

3 BONNES RAISONS...

... de ne pas dormir en cours :
1) Après, tu vas devoir rattraper tes devoirs.
2) En te réveillant, tu vas découvrir un long filet de bave sur ton cahier.
3) Si ça se trouve, tu vas rêver que tu es à l'école.

DEVINETTE

Pourquoi les carottes sont-elles bonnes pour les yeux ?

Réponse : As-tu déjà vu un lapin avec des lunettes ?

C'EST QUOI LE PIRE ?

Protéger ton téléphone portable avec une peau de saumon gras OU recouvrir ton ordinateur avec une vieille crêpe pour que la poussière ne s'y dépose pas ?

Dans la série

DEVINETTE

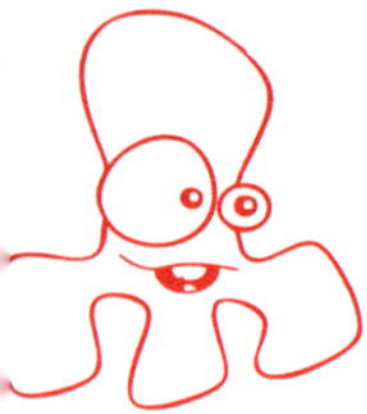

Comment pèle-t-on une pomme en Angleterre ?

Réponse : Avec un couteau, comme ailleurs !

AMUSE TES AMIS

Un vieux pou se balade sur le crâne d'un chauve avec son petit-fils :
- Tu vois, avant, ici, il y avait un tout petit sentier, et maintenant c'est une autoroute...

HA HA HA HA HA HA

3 BONNES RAISONS...

... de ne pas monter le son de la télé à deux heures du matin :

1) Ton voisin de 1,95 m et de 100 kg ne va pas aimer.
2) Tu n'as qu'à augmenter le son de tes oreilles !
3) Si c'est pour regarder un reportage sur la pêche, ça n'a pas grand intérêt.

HO HO HO !

C'EST QUOI LE PIRE ?

Taper sur ton ordinateur après avoir trempé
tes doigts dans un pot de miel
OU utiliser ton portable après l'avoir fait tomber
dans un pot de confiture de fraises ?

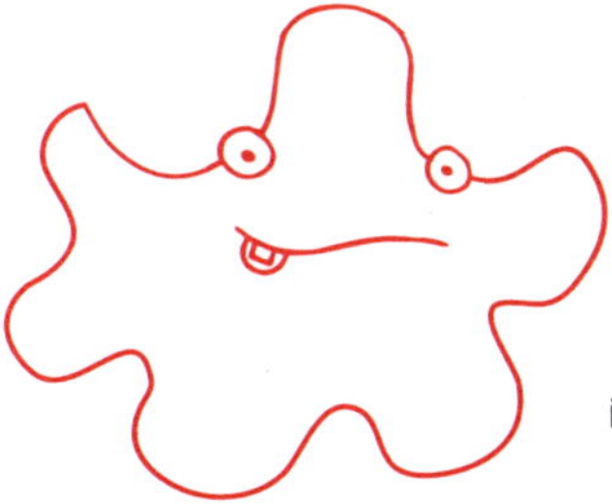

Y EN A LÀ-DEDANS !

Quelle est la différence entre un train et un fantôme ?

Réponse : Le train est un convoi, et le fantôme est un qu'on voit pas !

TU DEVINERAS JAMAIS !

Pourquoi un Suisse allemand ne fait-il jamais la vaisselle ?

Réponse : Parce qu'il essuie salement !

UUH!

3 BONNES RAISONS...

... de ne pas manger de viande face à un lion :
1) Il va te la piquer avant de te manger en dessert.
2) Ça pourrait rameuter ses collègues.
3) C'est plus dangereux que de boire un bol de soupe devant un hamster édenté.

TOUTE MIMI MIGNONNE

Deux bouteilles discutent :
- Alors, comment vas-tu ?
- Moi ? Tout baigne, et toi ?
- Moi, je me la coule douce !

DEVINETTE

Qu'est-ce qui est invisible et sent la carotte ?

Réponse : Un pet de lapin.

C'EST QUOI LE PIRE ?

Devoir faire la bise à un crapaud
OU devoir serrer la main à un ours ?

AMUSE TES AMIS

Deux amis se promènent dans un jardin public :
- Je suis étonné de voir combien ces arbres ont poussé !
- Oh, tu sais, ils n'ont rien d'autre à faire !

TU DEVINERAS JAMAIS !

Pourquoi les chats ne savent-ils pas compter jusqu'à cinquante ?

Réponse : Parce qu'ils ne savent pas non plus compter jusqu'à un.

DANS LA SÉRIE

3 BONNES RAISONS...

... de ne pas garder un dauphin dans son appartement :

1) Tu n'auras pas de place pour caser l'aquarium.
2) Si le dauphin fait le beau, il risque de se cogner la tête au plafond.
3) Si tu as déjà un requin, tu ne pourras plus rentrer chez toi.

EEYARG!

AAAGH!

AMUSE TES AMIS

Un petit garçon et son père se promènent dans la rue :

- Regarde, papa, le beau chien !
- Oui, oui ! J'ai vu.
- Oh ! Regarde, papa, la voiture !
- Oui, j'ai vu !
- Oh, regarde, papa...
- J'ai vu !
- Alors pourquoi tu as marché dedans ?

NOOOS!

DEVINETTE

Que dit une maman cochon au porcelet quand elle le chatouille ?

Réponse : Fais rillettes à maman !

C'EST QUOI LE PIRE ?

Faire des pompes avec ta mère debout sur ton dos
OU faire le poirier avec ton père assis sur tes pieds ?

HA HA HA HA HA HA

NOOOS !

AMUSE TES AMIS

Chez le dentiste :
- Vous avez une dent morte. Je vous fais une couronne ?
- Non, merci. Enterrez-la sans cérémonie !

HA HA HA HA HA HA

TU DEVINERAS JAMAIS !

Quels chiffres crie une poule après avoir pondu ?

Réponse : 444...719 (côt côt côt...c'est un œuf) !

C'EST QUOI LE PIRE ?

Comprendre le japonais sans pouvoir le parler
OU parler l'italien sans pouvoir le comprendre ?

3 BONNES RAISONS...

... de passer une nuit dans un congélateur :
1) Tu prends l'air comme à la montagne.
2) Tu as la nourriture à portée de main.
3) On y dort mieux que dans le grille-pain.

HOHOHO

MONSIEUR ET MADAME

Monsieur et Madame Ouquoi ont deux fils.
Comment les appellent-ils ?

Réponse : Ted et Bill (T'es débile ou quoi ?).

DEVINETTE

Pourquoi, avant de traverser une rue, doit-on regarder à gauche puis à droite ?

Réponse : Parce qu'on ne peut regarder des deux côtés à la fois.

DEVINETTE

Quelle est la fleur qui ne vit que quatre jours et quatre heures ?

Réponse : Le pois de senteur (cent heures) !

DEVINETTE

KRUNCH

Quel est le comble pour un chef de gare ?

Réponse : C'est d'arriver à fond de train !

AMUSE TES AMIS

Un médecin :
- Le secret, pour bien se porter, c'est de manger de l'ail.
Le patient :
- Peut-être, mais comment s'arranger pour que cela reste secret ?

3 BONNES RAISONS...

... de porter un parfum de femme quand tu es un homme :
1) Pour faire croire que tu sors des bras d'une femme voluptueuse.
2) Pour décourager les filles moches en leur faisant croire que t'es efféminé.
3) Pour tomber amoureux de toi-même.

C'EST QUOI LE PIRE ?

Essuyer tes pieds sur ton bonnet préféré
OU t'éponger le visage avec tes chaussettes sales ?

CARAMBAR INFO

Vrai ou faux ? Les œufs d'une autruche sont plus gros que son cerveau.

Réponse : Vrai, mais, ce qui est grave, c'est que ses yeux sont plus gros que son cerveau.

HiHiHi

DEVINETTE

Quelle est la première chose que fait Zizou en se levant le matin ?

Réponse : Pipou.

3 BONNES RAISONS...

... de ne pas mettre une couche-culotte à une mouche :
1) Vu la taille de ses crottes, y a pas besoin.
2) Tu ne saurais pas par quelle patte la lui enfiler.
3) Ça pourrait la rendre ridicule auprès de ses copines.

Buzzz

AMUSE TES AMIS

Une petite fille en colonie de vacances écrit une lettre à sa maman :
« Chère maman, tu as oublié de coudre mon nom sur mes vêtements et, à la colonie, toutes mes copines m'appellent Pur Coton ».

AAAGH!

DEVINETTE

Quel est le comble du médecin ?

Réponse : C'est d'examiner un crayon pour voir s'il a bonne mine.

C'EST QUOI LE PIRE ?

Se laver avec du poil à gratter
OU prendre un bain dans de la bouse de vache ?

HAHAHA !

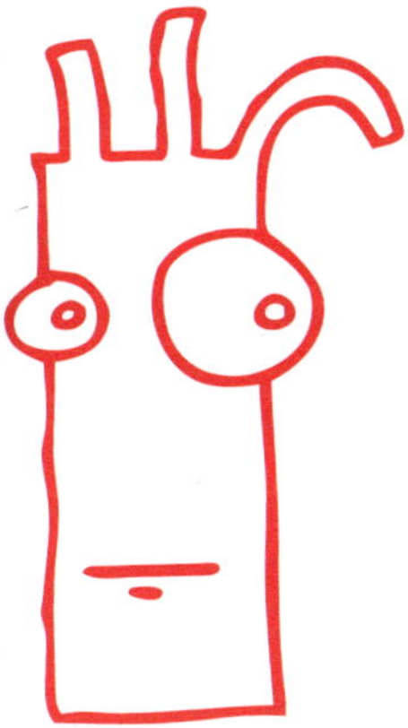

DEVINETTE

Pourquoi les mille-pattes ne jouent-ils pas au foot ?

Réponse : Parce que le temps qu'ils enfilent toutes leurs chaussures, le match serait déjà fini !

3 BONNES RAISONS...

HiHiHi

... d'aller au lit :
1) Pour rêver que tu ne vas pas à l'école.
2) Pour rêver que tu te couches plus tard.
3) Pour rêver que c'est toi qui envoies tes parents au lit.

AMUSE TES AMIS

On ne dit pas « un salami » mais « un mauvais copain ».

TOUTE MIMI MIGNONNE

La maîtresse interroge un enfant très gourmand :
- Pourquoi dit-on « rapide comme l'éclair » ?
- C'est parce que rien ne s'avale plus vite qu'un éclair !

3 BONNES RAISONS...

... de ne pas manger une glace au chocolat par 40°C :
1) Le cornet pourrait te brûler les mains.
2) Tu risques vite de lécher de l'air.
3) Tu pourrais glisser sur le chocolat fondu qui a coulé par terre.

DEVINETTE

Quelle est la différence entre un crocodile et un bébé ?

Réponse : Le crocodile fait son lit dans la mare, et le bébé fait une mare dans son lit !

MWAHAHAHAH !

CARAMBAR INFO

Vrai ou faux ? Une certaine espèce de crapauds peut rapporter la balle et donner la patte.

Réponse : Faux. Quand même pas, mais ils sont très faciles à domestiquer.

C'EST QUOI LE PIRE ?

Pouvoir lire dans les pensées des singes
OU que ton chien te lise dans sa gamelle ?

RÉALISATION
PPDL

Imprimé en Espagne

Dépot légal : septembre 2013
ISBN 13 : 978-2-7499-2059-7
LAF 649 et 768